MÁS QUE APARIENCIAS

CÓMO SER ALGO MÁS
QUE UNA
«BUENA CRISTIANA»

 Vida®

Lysa TerKeurst
Presidenta de Proverbs 31 Ministries

La misión de Editorial Vida es ser la compañía líder en comunicación cristiana que satisfaga las necesidades de las personas, con recursos cuyo contenido glorifique a Jesucristo y promueva principios bíblicos.

MÁS QUE APARIENCIAS
Edición en español publicada por
Editorial Vida – 2011
Miami, Florida

Originally published in the USA under the title:
Becoming More Than a Good Bible Study Girl
Copyright © 2009 by Lysa TerKeurst
Published by permission of Zondervan, Grand Rapids, Michigan 49530

Traducción: *Marijo Hooft*
Edición: *Silvia Himitian*
Diseño interior: *Yolanda Bravo*

ISBN: 978-0-8297-5101-7

CATEGORÍA: Vida cristiana/Mujeres

IMPRESO EN ESTADOS UNIDOS DE AMÉRICA
PRINTED IN THE UNITED STATES OF AMERICA

11 12 13 14 15 ❖ 6 5 4 3 2

Para Holly Good, quien personifica este mensaje con gracia.

CONTENIDO

RECONOCIMIENTOS

Al hombre que me sigue provocando cosquilleos: Art. Gracias por darme ánimo para desplegar mis alas y soltarme. Cuando vuelo, me alientas. Y cuando caigo, siempre estás allí para levantarme. Amo la vida contigo.

A mis cinco bendiciones principales: Jackson, Mark, Hope, Ashley y Brooke. Si nunca hubiera publicado este mensaje, aun así lo habría escrito para ustedes. Este es mi sentir. Este es mi mensaje.

A las chicas que me conocen y animan en «esos días», que comprenden la necesidad crucial de las noches de mujeres solas: Holly, Renee, LeAnn, Genia, Shari y Suzy.

A Esther Fedorkevich: Decir «gracias» no logra expresar ni siquiera remotamente mi agradecimiento por todas las veces que estuviste junto a mí. Aunque te llamo mi agente, la verdad es que eres una de mis amigas preferidas.

A Rob y Ashley Eagar: Gracias por ayudarme a encender algunos fuegos con mi mensaje y ministerio. Soy su fan número uno.

A las preciosas mujeres que componen los Ministerios Proverbios 31, que son: LeeAnn Rice, Renee Swope, Holly Good, Teri Bucholtz, Janet Burke, Lisa Clark, Terri McCall, Samantha Reed, Bonnie Schulte, Jill Tracey, Kristen Sigmon, Barb Spencer, Laurie Webster, Wendy Blight, Shari Braendel, Micca Campbell, Whitney Capps, Amy Carroll, Melanie Chitwood, Lynn Cowell, Karen Ehman, Suzie Eller, Zoe Elmore, Sharon Glasgow, Charlene Kidd, Tracie Miles, Rachel Olsen, Wendy Pope, Luann Prater, Susanne Scheppman, Melissa Taylor, Van Walton, Marybeth Whalen y Glynnis Whitwer.

A mis amigas y guerreras de oración del blog: ¡Ustedes me bendicen e inspiran con sus comentarios! He aprendido mucho de ustedes, y espero oír lo que tienen que decir cada día. Gracias por orar hasta que este libro se hizo realidad.

Al equipo de Zondervan: Sandy Vander Zitch, Greg Clouse, Marianne Filary, Ginia Hairston, Marcy Schorsch, Michelle Lenger, Beth Shagene, John Raymond, Robin Phillips, Mike Cook y T. Rathbun. Gracias por creer en este mensaje y considerarlo digno de llevar el nombre Zondervan. ¡Qué gran gozo ser parte de su familia!

INTRODUCCIÓN

Esto es para aquellas a las que les gusta leer instrucciones.

Como pasaremos algún tiempo juntas mientras lean este libro, pensé que sería provechoso contarles un secretito: Yo soy una lectora un poco quisquillosa. Cuando elijo un libro, no lo hago a la ligera. Lleva tiempo leer todo un libro, y el tiempo es un bien que escasea. No voy a desperdiciarlo. A menos, por supuesto, que tenga la suerte de estar en algún lugar que me exija ponerme una loción bronceadora y una bikini. Sin embargo, aun en ese caso, no me gusta leer libros repletos de teorías sin aplicación a la vida real.

La verdad es que tengo platos que asear, pilas de ropa por lavar, hijos que criar, un ministerio que atender y celulitis con la que lidiar. Si voy a darle mi tiempo a un libro, quiero saber que seré capaz de relacionarme con el autor como con un amigo confiable que tiene un mensaje que me desafiará e impactará mi vida. Si eso es lo que busco como lectora, ten por cierto que es lo que quiero brindarte como escritora.

Entonces, ¿cuál es el mensaje de este libro? Quiero ayudar a las mujeres no solo a conocer la verdad de Dios, sino también a sentir que están equipadas para llevarla a la práctica en sus vidas cotidianas. Por demasiados años me llené de conocimientos bíblicos sin tener idea de cómo hacer que las verdades que conocía impactaran mi vida diaria. Iba al estudio bíblico, me marchaba de allí inspirada, pero luego llegaba a casa y hacía un escándalo porque había derramado cloro en mi falda favorita. O por la mala actitud de alguno de los niños. O por descubrir que una amiga me había traicionado. O por haber engordado dos kilos en un fin de semana, los que me llevaría dos meses volver a bajar.

¿Cómo aplicamos la verdad a esta clase de escenas cotidianas? Cuando estamos en la iglesia, rodeadas de amigos cristianos, o en nuestro estudio bíblico, somos rápidas para contestar correctamente todas las preguntas acerca de Jesús. Pero cuando las luchas de la vida nos presionan, ¿vivimos realmente como si Jesús obrara en nosotras?

Siento eso como un desafío. Y por ello no escribo como una experta que ha alcanzado una vida que auténticamente refleja a Jesús en todo tiempo, sino como una amiga que se atreve a intentar convertirse en algo más que una «buena cristiana».

Invitarte a aceptar este desafío es el punto central de todo el libro. Comienzo con una pregunta que muchos hacen hoy en día. Se suelen preguntar: «¿Jesús es real?». Se han escrito libros sobre el tema, se han predicado sermones, se han ofrecido cursos, todos brindando respuestas espirituales, emocionales, históricas y bíblicas que demuestran que Jesús es real. Y con gran alegría me paro sobre la silla de la cocina y grito: «¡Aleluya! Él es el camino, la verdad y la vida como dijo ser».

No obstante, luego esa pregunta cambia a: «¿Jesús produce resultados?». Es fantástico que sea real, ¿pero qué clase de diferencia puede marcar en mi vida? Al principio esta pregunta parece descarada y egoísta; ni siquiera habría que formularla. No deseo reducir a Jesús a los mismos calificativos que le daría a un auto... es genial que sea el mejor vehículo en la carretera, ¿pero me llevará al lugar a dónde quiero ir? Con todo, «¿Jesús produce resultados?» es una pregunta sincera que merece una respuesta sincera. El mundo literalmente se muere por saberlo.

Por eso decidí abordar seis temas que juegan un papel vital a la hora de determinar si Jesús funciona o no:

- ¿Jesús marcará una diferencia en mi corazón?
- ¿Jesús ayudará a que mi conexión con Dios sea más real?
- ¿Qué clase cambios producirá él en mis relaciones?
- ¿Cómo elaboro yo mis luchas con Jesús?
- ¿Qué hago cuando mis pensamientos me apartan de Jesús?
- ¿Jesús de veras tiene un llamado para mi vida?

Si somos capaces de responder con la verdad esas preguntas, que abordaré una a una en las seis secciones del libro, creo que también podremos responder sinceramente a la gran pregunta acerca de si Jesús produce resultados.

De modo que si estás buscando otro libro del tipo «sigue intentándolo» para colocar en tu estante, si procuras encontrar un poquito de esperanza para tu vida o tener sensaciones agradables con respecto a Jesús, o saber cómo jugar mejor el juego del cristiano, lee otra cosa. Pero si tú, al igual que yo, quieres liberarte del encierro de nuestro campo cristiano y reemplazar el vacío de este mundo con una verdadera plenitud, sigue leyendo.

PARTE I

EN MI CORAZÓN

«Lysa, creo que te estás tomando muy a pecho este asunto de Dios», me dijo alguien una vez.

Nunca había recibido un comentario tan emocionante, en especial porque con anterioridad no quería saber nada de Dios. Me llevó años entender de veras cómo buscarlo con todo mi corazón. No es que ahora haga todo bien en todo momento, pero mi deseo más profundo es amar a Dios y dejar que su amor fluya a través de mí para impactar positivamente a los que me rodean.

Dondequiera que voy veo mujeres de diferentes contextos y asumo el desafío de verlas *de verdad*. No solo de mirarlas, sino de detenerme a observarlas. Y lo que observo a menudo me rompe el corazón.

Incluso ahora mientras escribo esto en una pequeña cafetería, una joven sentada en la mesa de al lado suspira por la aceptación del joven que está con ella. Deja salir risitas, hace preguntas y da algunos indicios sutiles de lo que espera que él le diga. Su corazón anhela respuestas que ningún hombre jamás le dará.

El corazón de la mujer no solo es profundo y asombroso, sino además tierno y vulnerable. La vida puede resultar dura para una mujer cuando su corazón se enreda, se engancha, se rompe y a veces se hace trizas de un modo irreparable. Tal vez tú lo hayas vivido. A mí me tocó pasarlo.

En esta primera parte del libro quiero hablar de aquellas cosas que nos separan de la intimidad que Dios desea tener con nosotras. ¡Transitaremos esa sensación que tenemos a veces de no ser lo suficientemente buenas y descubriremos que eso es una mentira! Luego destruiremos el mito de que las cosas de este mundo pueden llenar las grietas de nuestra alma. Y para terminar, echaremos un vistazo a la inquietante pregunta que nos tiene a muchas de nosotras como rehenes: «¿Realmente puedo dar lo que se espera de mí?».

La situación se volverá un poco escabrosa en este punto, pero eso es lo que a veces ocurre cuando hablamos con sinceridad. No vamos tras respuestas cristianas plásticas. Buscamos más que eso. Mucho más que eso. Entonces, por el bien de nuestros corazones, avancemos. Atrevámonos a preguntarnos qué sucedería si en nuestros corazones nos convirtiéramos en algo más que apariencias.

CAPÍTULO 1

TRATO DE SER LO SUFICIENTEMENTE BUENA

No estoy muy segura acerca de cuándo fue que sentí por primera vez que no era lo suficientemente buena para algo, pero mis más tempranas memorias se remontan a cuando tropecé en una pista de patinaje llena de niños en la escuela primaria. Yo era una alumna de quinto grado metida dentro de un envoltorio poco apetecible. Con los ojos de mi mente podía ver espléndidas posibilidades para mi pelo castaño rizado y mis dientes de conejo. Si tan solo mi madre me hubiera permitido teñirme el pelo de rubio y alisarlo profesionalmente, y si hubiera podido convencer a mi dentista de reemplazar mis dientes torcidos por otros, por piezas falsas resplandecientes y perfectamente alineadas, mi mundo habría sido maravilloso. Los varones hubieran comenzado a enviarme notas y tarjetas para que yo eligiera con cuál quedarme. Y yo hubiera sido una chica segura y plena.

Sin embargo, mi madre no tenía ni el dinero ni la visión necesaria para llevar adelante mi plan. De modo que allí estaba yo, sentada mirando a un par de niños guapos patinar con un par de niñas bonitas mientras la suave pero tensa voz de Rick Springfield cantaba a grito pelado «Jessies's Girl». (Y para aquellas que se preguntan quién diablos es Rick Springfield, me apena se que hayan perdido la delicia de la música de los '80).

Me ataba nerviosamente los cordones de los patines esperando enviar un claro mensaje: la única razón por la que no estaba patinando en pareja era porque tenía un leve desperfecto técnico. Pero en mi corazón, una falsa percepción se clavaba cada vez más profundo en mi alma con los compases de la canción de Springfield.

La falsa percepción se arraigaba en este pensamiento erróneo: *Tú, Lysa, así como eres, no resultas aceptable.*

¿Alguna vez has permitido que ese tipo de percepción negativa de ti misma te afectara? Eso me llevó a una crisis de identidad a medida que mi mente buscaba posibles soluciones: *Como no eres aceptable así, debes encontrar algunas cosas sobre las que edificar una identidad. Dado que no es posible para ti ser «Lysa, la niña bonita», debes convertirte en otra cosa.*

«Lysa, la inteligente», o tal vez «Lysa, la chica responsable».

«Lysa, la rebelde». «Lysa, la buena amiga». «Lysa, la estudiosa».

«Lysa, la presidenta de los estudiantes». «Lysa, la perdedora».

Enredada en un mar de pensamientos, visualizaba esas etiquetas cada vez menos como oportunidades y más como celdas. La gente rotula y clasifica para poder definir quién encaja en dónde y con quién, y yo no tenía la profundidad espiritual ni la madurez mental como para liberarme. Entonces intentar ser aceptada, considerada valiosa y amada se volvió mi patrón, y preocuparme por lo que los demás pensaran de mí se convirtió en una manera de vivir que me consumía y a menudo me condenaba. Sus opiniones eran la vara con la que me medía para responderme a mí misma la pregunta:— «¿Quién soy?»—.

PERDIDA ENTRE RÓTULOS

Finalmente la niña de cabello crespo y dientes de conejo creció hasta convertirse en una jovencita. La ortodoncia había arreglado los dientes. Y el estilo «cuanto más abultado, mejor» de los años 80 puso de moda a gente con el cabello como el mío. Algunos chicos me invitaban a salir y, gracias a un tonto libro de la cultura pop llamado *The Official Preppy Handbook* [Manual oficial de la preparatoria], me inventé mi propia versión de lo que era tener onda. La vida finalmente se estaba alineando con la idea que siempre había soñado. Solo que todavía no me sentía segura acerca de quién era. Las cosas que trataba de hacer para definir mi identidad seguían cambiando. Era la novia de alguien, pero luego rompíamos. Era la buena alumna, pero luego tenía un mal año escolar. Era la responsable, pero luego hacía alguna maniobra estúpida al estacionar y chocaba el auto. Lo que creía ser un día, al día siguiente ya no lo era.

Además de todas mis cuestiones de adolescente, también estaba angustiada por heridas de mi niñez. Cuando tenía ocho años, un hombre que era como un abuelo abusó sexualmente de mí durante tres años. Después, cuando tenía once años, mi padre dejó a mi madre, a mi hermana y a mí. Me sentía totalmente abandonada. Mis padres acabaron divorciándose y mi mamá tuvo que salir a trabajar para sostenernos. Esos hechos hicieron que me sintiera completamente perdida.

Desesperada por ayudarnos a mi hermana y a mí, un domingo mi madre nos anunció que le agregaría a la ecuación un poco de iglesia. Así que, con un vestido y una Biblia en la mano nos dirigimos al inmenso edificio de campanario blanco. Me gustaba la idea de adherirme a una religión y tener las reglas del juego cristiano claramente establecidas delante de mí. Era como si Dios fuera una máquina expendedora. Yo ponía lo que se requería, y luego se suponía que él me daba la regla que la gente merecía. Siempre y cuando yo respetara mi parte en el trato, Dios me bendeciría. Me convertí entonces en «Lysa, la chica buena».

La vida se asentó un poquito. Luego mi madre se volvió a casar con un hombre maravilloso que nos amaba a mi hermana y a mí como si fuéramos sus propias hijas. Ellos decidieron tener más hijos, que desafiaron completamente el espíritu aventurero dentro de mí. El trabajo de niñera abundaba y mis padres pagaban bien.

Mi hermana y yo le dimos la bienvenida a una hermanita pocos días después de mi cumpleaños número quince. Luego otra hermana nació el día en que me graduaba de la secundaria. Me vestí con mi toga negra, me peiné el cabello bien tirante, me puse un collar de piedras semipreciosas, un ramillete de flores alrededor de la muñeca, y fui a la maternidad a saludar a mi mamá y recibir a mi nueva hermanita. ¡Una gran actividad pre-graduación!... sabes a lo que me refiero. Salimos del ascensor que daba justo a la ventana de la sala cuna y espiamos a todos aquellos productos del amor.

Nunca olvidaré cuando vi a Hale por primera vez. Tenía unos grandes y hermosos ojos azules y un cabello negro enrulado en todas las direcciones. Amaba a mis otras hermanas, pero en el instante en que vi a Hale, mi corazón se derritió como nunca antes. Tal vez fue porque yo tenía dieciocho años y técnicamente era lo suficiente grande como para ser madre. Ciertamente el verano siguiente me hallé paseando a Haley como si fuera mi propia hija.

Pronto llegó el tiempo de hacer las valijas e ir a la universidad. Me despedí, y me quedé un rato largo contemplando a la bebé. Con mi viejo Firebird repleto de maletas y mis padres siguiéndome de cerca, emprendimos el viaje de ocho horas hasta mi nuevo hogar lejos de casa.

Veía la universidad como la oportunidad para reinventarme completamente. Allí nadie sabía nada de mi pasado de traga-libros, de mi padre ausente, del horrible abuso o de mi falta de compañero de patinaje en quinto grado. Entonces me convertí en lo que creí que me traería gran plenitud y felicidad: «Lysa, la chica de primer año que sale con el jugador de football más popular».

Al fin lo tenía todo. Tenía amor y belleza, popularidad y éxito, libertad y un plan para el futuro. Ah, sí, y también tenía mi religión.

EL FRACASO DE LA RELIGIÓN

Entonces una noche recibí una llamada de mi mamá que lo cambió todo. La urgencia en su tono de voz me hizo acelerar el pulso y temblar las manos. Haley estaba enferma. Muy enferma.

Conduje toda la noche, y para la hora en que llegué al hospital, Haley estaba en la unidad de cuidados intensivos. Los médicos les habían dicho a mis padres que su hígado no funcionaba bien y que no sobreviviría sin un transplante. Mi cerebro maquinaba cómo hacer un trato con Dios. Después de todo eso es lo que la gente religiosa hace. *Seré mejor. Seguiré las reglas más rectamente. Seré más buena. Daré más a la iglesia. Iré con más regularidad. Sacrificaré cualquier cosa que me pidas, Dios… pero salva a mi hermana.*

Haley fue trasladada a un hospital infantil en otro estado, en el que recibió con celeridad un hígado nuevo. Atravesó con éxito el primer susto, los días postoperatorios, y pronto pareció estar completamente restaurada. ¡Dios estaba respondiendo mis oraciones!

Como el verano había llegado de nuevo, pude pasar un poco más de tiempo con Haley mientras se recuperaba. Las semanas pasaban, ella se volvía más fuerte cada día, y llegó otra vez el tiempo de volver a la universidad para mi segundo año.

Recuerdo muy bien mi última noche en el hospital con Haley. Intentando memorizar todos sus rasgos, hice que mis ojos detectaran cada detalle. Besé sus mejillas regordetas y sus pequeños piecitos fríos. Puse mi mano junto a la suya y entrecrucé mis dedos con los de ella. Y oré haciendo nuevas promesas a Dios. Promesas que incluían tener más noches para acunarla y cantarle arrullos en la oscuridad.

Ya era tiempo de irme. Con una última promesa de visitarla pronto, regresé a mi vida universitaria.

Desde la universidad llamaba cada mañana a mi mamá para saber cómo estaba Haley. Continuaba progresando. Yo cumplía mi parte del trato con Dios y él la suya. La religión por cierto resultaba un buen agregado a mi vida.

Sin embargo, mi visión de la religión, de seguir las reglas y hacer tratos con Dios se hizo pedazos dos semanas más tarde. Había llamado a mi madre, como era costumbre, esa mañana para preguntarle por la salud de Haley. Mamá se mostró callada. Sin entender, pregunté de nuevo… y de nuevo. Finalmente, en un tono de voz tan suave que casi no podía oírla, ella susurró: «Halley finalmente está mejor, Lysa. Esta mañana se fue con Jesús».

Un enojo que nunca supe que existía irrumpió desde algún lugar dentro de mí. La injusticia de la vida se estrelló contra mis percepciones religiosas y la represa de mi alma estalló con toda su furia. Me quebré. Con mis puños elevados al cielo, juré que nunca más amaría a Dios, ni lo serviría, ni creería en él nuevamente. Yo había tratado de ser buena para ganarme su amor, pero del mismo modo en que mi padre terrenal lo había hecho, sentía que ahora mi Padre celestial me daba la espalda. «Lysa, la niña buena» ya no sería más mi identidad.

Mis ideas erradas acerca de Dios solo me hacían amarlo mientras él hiciera cosas buenas. No era capaz de comprender cómo podía haber permitido que Haley muriera. Otras cosas desgarradoras habían sucedido en mi vida, pero esto era diferente. Las otras cosas por las que había pasado fueron causadas por personas con defectos. Pero la muerte de mi hermanita no podía atribuírsele a ninguna persona. Dios la había permitido. Él había oído mis oraciones. Él me había visto cuando yo le prometía que todo estaría bien y le cantaba canciones de cuna. Había visto su dolor. ¿Y simplemente la dejó morir así? No podía superarlo y encontrar algo que tuviera sentido.

En el funeral de Haley recuerdo mentalmente haberle cerrado mi corazón a Dios, dejando que mi herida y desilusión tomaran lugar. El pensamiento de no ser buena para nada era más que un sentimiento. Se había vuelto el filtro a través del que procesaba la vida.

Mi papá no me amaba.

Dios no me amaba.

Estaba desesperada por ser amada.

De modo que encontré hombres que me decían que me amaban.

El pensamiento de no ser buena para nada era más que un sentimiento. Se había vuelto el filtro a través del que procesaba la vida.

Hasta entonces me había guardado para el matrimonio. Era una regla religiosa que yo seguía al pie de la letra. Pero mi resentimiento contra Dios enmudeció mi conciencia y ayudó a preparar el terreno para que rechazara muchas de mis convicciones religiosas. La vida se convirtió en una fiesta desenfrenada, llena de momentos de felicidad temporal. Cuanto más me hundía en ese estilo de vida, más desesperada me sentía. No pasó mucho tiempo antes de que me encontrara en una clínica para abortos, comprendiendo que había arruinado mi vida completamente. Ahora yo era «Lysa, la chica que se alejó de Dios y se hizo un aborto». Regresé a casa ese día horrorizada por aquello en lo que me había convertido.

MI AMIGA, LA DE LA BIBLIA

Irónicamente, en ese tiempo en el que estaba tan lejos de Dios, tenía una amiga íntima que amaba al Señor con cada fibra de su ser. No me refería a ella como «mi amiga, la de la Biblia» con mucho agrado, porque me fastidiaba su manera constante de citar versículos bíblicos. No importaba el problema que alguien tuviera, ella siempre estaba lista para lanzar un versículo en su ayuda. ¿Te dolía la cabeza? Ella tenía un texto para eso. ¿Te habías peleado con tu novio? Ella poseía un versículo acorde. A veces soñaba con que me perseguía por todos lados para golpearme en la cabeza con su enorme Biblia.

No obstante, algo en su persona me hacía querer seguir siendo su amiga. Pese a que su manera continua de citar versículos me causaba enojo, una cosa me resultaba entrañable: era la forma más pura de la honradez. Además, constituía un ejemplo de lo que significaba vivir la Palabra y no solamente repetirla. Había una gran diferencia entre la religión como yo la entendía y lo que ella llamaba su relación con Dios.

Aunque ella no tenía idea de toda la inmundicia con la que yo lidiaba, era tiernamente sensible ante los impulsos de Dios. Un día especialmente oscuro y triste recibí una carta suya. Esa habría sido la fecha de mi parto. El día en que tendría que haber dado la bienvenida al mundo a una nueva vida; sin embargo, ahora estaba lleno de sentimientos de muerte, oscuridad y desesperanza. Supe tan pronto como vi su caligrafía lo que me esperaba si tan solo abría ese sobre… otro versículo de la Biblia. Ciertamente Jeremías 29:11 estaba maravillosamente escrito en el frente de la tarjeta: «Porque yo sé muy bien los planes que tengo para ustedes —afirma el SEÑOR—, planes de bienestar y no de calamidad, a fin de darles un futuro y una esperanza».

Quería arrojar la tarjeta a cualquier parte, pero algo me hacía seguir con la vista clavada en ese versículo. Lo leí una y otra vez. Era como si mi nombre estuviera insertado allí. «Lysa, porque yo sé muy bien los planes que tengo para ti, planes de bienestar y no de calamidad, Lysa, para darte un futuro y una esperanza».

¿Cómo era posible? Esa declaración contrastaba muy agudamente con mi percepción errada de ser identificada según mis circunstancias. Ese versículo esbozaba la posibilidad de que el Dios del universo me amara no por lo que yo hacía bien, sino simplemente porque era suya. Una hija para la que tenía grandes cosas planeadas. No tenía que ser la hija de un padre fracasado; podía ser una hija de Dios.

En ese momento no sabía cómo aceptar a Jesús correctamente. No sabía a qué texto volcarme. Incluso si hubiera tenido una lista de versículos con los que orar, no habría sido capaz de encontrarlos en la Biblia. No tenía todas las respuestas y sabía con certeza que no había sido «lo suficientemente buena». Pero algo en lo profundo de mi ser se agitaba y tenía la seguridad de que ese mensaje provenía de Dios mismo y de que las palabras de ese versículo eran verdaderas.

Ni siquiera un corazón tan ateo como el mío podía escapar a esa verdad. Cuando Dios me hizo, dejó su marca dentro de mí. Sus huellas digitales habían cubierto mi alma, por eso su verdad resonaba en mi interior. Sencillamente no podía negarlo. Había solo una palabra que sabía que debía pronunciar en respuesta al Dios del universo, que se detenía en ese momento solo para mí:

«Sí».

Envuelto en ese sí estaba el conocimiento de que Dios existía, que me amaba y que yo lo deseaba a él —no a una religión— en mi vida, de una forma en que nunca antes lo había hecho. Yo quería mucho más de Dios.

Me llevaría muchos años definir y entender completamente lo que ese sí significaba. Veremos más de mi historia en el trascurso de este libro. Pero ese sí inicial fue un paso hacia Dios. Un paso fuera de la oscuridad que me cegaba. Un paso dentro de mi verdadera identidad que no cambiaría ni se desplomaría ante las presiones de la vida. Un paso para convertirme en «Lysa, una hija plena del Dios verdadero».

Lo interesante es que el resto del texto captó la atención de mi alma: «Entonces ustedes me invocarán, y vendrán a suplicarme, y yo los escucharé. Me buscarán y me encontrarán, cuando me busquen de todo corazón» (Jeremías 29:12-13). Las palabras «yo los escucharé» y «me encontrarán» hacían de Dios un Dios muy personal, muy tangible, muy interesado en una relación conmigo. ¿Conmigo? La hija de un padre que no me quiso y no me amó era amada y deseada por el más poderoso de los reyes, el Señor de todos los señores, el Dios del universo, ¡mi Padre celestial!

MÁS ALLÁ DE LA LISTA CRISTIANA DE COSAS PARA HACER

Mientras avanzamos juntas espero que te sientas inspirada a aprender a buscar a Dios con todo tu corazón. Buscar con todo el corazón requiere más que seguir la simple rutina marcada por una lista de puntos para tener una buena conducta cristiana:

✓ Orar

✓ Leer la Biblia

✓ Hacer un estudio bíblico
✓ Ir a la iglesia
✓ Ser buena
✓ No tener resentimiento contra los niños que no te pidieron
ser su pareja de patinaje en quinto grado

Está bien, tal vez esto último sea algo mío. Pero captaste la idea...
¿verdad?

---

*Buscar con todo el corazón requiere más que seguir
la simple rutina marcada por una lista de puntos
para tener una buena conducta cristiana.*

Quiero que mi vida con Jesús sea satisfactoria. Deseo que mis
creencias sirvan, sin importar lo que me depare la vida. Anhelo estar
tan segura de la presencia de Dios que nunca sienta que debo enfrentar
algo con mis propias fuerzas o confiar en mis propias perspectivas. Mis
fuerzas se debilitarán durante los tiempos difíciles. Mi visión de las
cosas se torcerá por causa de mis sentimientos.

Quiero tener seguridad total a pesar de lo que pueda suceder. En
otras palabras, aspiro a que mi relación con Jesús me baste como para
mantenerme cuerda y a la vez completamente consagrada a él. ¿Será
posible? ¿Verdadera plenitud a pesar de todo?

Plenitud significa estar completamente satisfecha. ¿Cómo serían
nuestras vidas si estuviéramos tan llenas de la verdad de Dios que
pudiéramos soltar todo el dolor del pasado, no tropezar con los
problemas del presente ni consumirnos por las preocupaciones del
mañana? ¿Suena imposible? Lo *es* cuando tratamos de lograrlo por
nuestros medios o haciendo más de las cosas buenas que hacen las
«buenas cristianas». Orar, leer la Biblia, hacer otro estudio bíblico más,
ir a la iglesia y ser buenas, maravillosas e imprescindibles. Pero realizar
esas actividades en forma mecánica no llena nuestra alma. Debemos
hacerlas con gran expectativa y clamor a Dios para que nos conduzcan
a una conexión más profunda, capaz de cambiar nuestras vidas.

Pregúntale a un grupo de mujeres cristianas lo que las hace sentir
plenas y seguramente enumerarán las cosas que hacen. Pero la verdadera
plenitud de vida no se encuentra en intentar hacer lo suficiente, ser
lo suficiente, tener lo suficiente, saber lo suficiente o cumplir lo
suficiente. Lo «suficiente» resulta engañoso y siempre se encuentra
un poquito fuera del alcance. Muchas de nosotras lo sabemos, pero

todavía continuamos con los mismos patrones, tratando de ser «buenas cristianas», esperando que si lo hacemos durante bastante tiempo, la plenitud caerá del cielo sobre nuestro regazo.

Es mi oración que al leer este libro descubras dos cosas: (1) una conexión más significativa con Dios, y (2) una plenitud más verdadera que viene de permitir que tu relación con él transforme cada área de tu vida. Aunque pueda parecer una meta un poco pretenciosa, ora conmigo: «Dios, ayúdame a tener una conexión más profunda contigo y a encontrar la verdadera plenitud a medida que transformas cada área de mi vida. Ese es el clamor y el deseo de mi corazón». Quizás quieras agregar estas cuatro peticiones sencillas que van de la mano con una conexión más profunda con Dios:

> *Dios, quiero verte.*
> *Dios, quiero escucharte.*
> *Dios, quiero conocerte.*
> *Para poder seguirte firmemente cada día.*

Escribí originalmente esa oración en mi libro *What Happens When Women Say Yes to God* [Qué sucede cuando las mujeres le dicen que sí a Dios], pero creo que vale la pena incluirla aquí. Nos ayuda a enfocar nuestros corazones y mentes a diario en el lugar correcto, no solo al leer este libro, sino al vivir la verdad en nuestras vidas cotidianas. Colosenses 3:1-2 nos alienta: «Ya que han resucitado con Cristo, busquen las cosas de arriba, donde está Cristo sentado a la derecha de Dios. Concentren su atención en las cosas de arriba, no en las de la tierra». Enfocar nuestros corazones y mentes en Dios y permitir que sus verdades nos cambien, nos pongan en otro lugar y nos dirijan, nos ayudará no solo a conocer el mensaje de Cristo, sino a vivirlo.

Y con esa maravillosa certeza, empezamos. ¿Por casualidad tienes algún tema de Rick Springfield en tu i-Pod que podamos escuchar mientras continuamos este viaje?

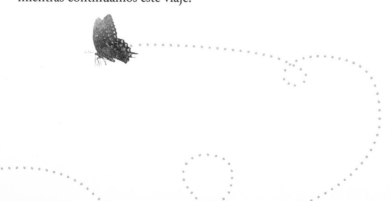

CAPÍTULO 2

REVOLOTEAR DE UN LADO A OTRO

No podía aterrizar. De esa manera me sentía después de haberle dicho que sí a Dios, pero luego comencé a tratar de imaginar qué se suponía que debía hacer con mi vida. Quería marcar una diferencia para él, pero no lograba figurarme qué podía ofrecer. Yo era como una pluma: me movía de forma involuntaria, sin peso alguno, agotada de tanto ir y venir, pero completamente incapaz de resistir los vientos que me llevaban.

Me puse a pensar en todo lo que llenaba mi vida como mujer a los veinte años, todo eso que alguna vez pensé que me haría feliz. Un diploma, un marido, un hijo, una minivan y una casa llena de plantas, estaba todo ahí. Por esa razón el sentimiento de vacío en mi pecho se volvía especialmente preocupante.

Ese vacío me hacía sentir desesperada, en necesidad, complicada, llena de expectativas irreales. Pronto entré en el desánimo. ¿No se suponía que los cristianos lo tenían todo bajo control de forma automática después de decirle que sí a Dios? La relación con mi esposo y mi familia extendida era tensa y pronto dejó de ser una bendición para convertirse en una carga. Aunque en mi corazón sabía que solamente Dios podía llenar mi alma, todavía quería que mi esposo y mis maravillosos hijos hicieran las veces de dioses. No era posible que ellos llevaran a cabo lo que yo les estaba demandando.

Deseando alcanzar la paz interior de aquel modo errado, comencé a buscar algo de qué ocuparme que me hiciera sentir importante.

PROFESIONES DISPARATADAS

Un artículo disparatado de una revista que leí sugería que podía encontrarme a mí misma al identificar mi belleza interior y explorarla en el mundo laboral y profesional. Así que tomé mi ser interior y me dirigí a un instituto de enseñanza superior para estudiar diseño floral. Las cosas marchaban bien en la clase porque trabajábamos principalmente con flores de seda. Sin embargo, cuando me contrataron en una florería de verdad, mi belleza interior me falló. La abrumadora esencia de todas esas flores en un espacio pequeño y cerrado estimuló una reacción refleja que me provocaba náuseas. Y, realmente, nada «atrae más a los clientes» que una diseñadora joven que hace arcadas a cada rato.

Con mi vocación como diseñadora floral en grave peligro, continuó mi búsqueda laboral. Me topé con un panfleto que ofrecía un curso a distancia de consultoría para novias. Su tenor era más o menos así: «Envíenos su dinero y nosotros le daremos un certificado que diga que sabe lo que está haciendo». ¡Logré tener una carrera nueva así de fácil! Lo que me hacía considerar eso como legítimo era que mi certificado tenía un sello dorado. Uno no puede comprarlo en cualquier lado, como sabrán.

Y así me interné en el mundo de las novias histéricas, las madres sobrecargadas, los padres derrochadores y los novios aterrorizados. Hubiera despegado en esa carrera de no haber sido por mi aversión a la gente neurótica. Justo antes de que mi primera novia entrara por el pasillo, yo hice un ingreso apresurado a través del estacionamiento de la iglesia, me caí y vomité mi almuerzo entre un matorral de gardenias y el cartel del estacionamiento para visitantes. Cuando la madre de la novia vino volando hacia mí (lista para golpearme con el palo de escoba que yo imaginaba debía tener por allí cerca) me sorprendió lo atractivo que resultaba el cartel del estacionamiento para visitantes, de modo que pensé que me gustaría asistir a esa iglesia alguna vez. Bueno, excepto por el hecho de que cuando atravesara el estacionamiento recordaría el regalo tan desagradable que les había dejado allí cierta vez. Decidí que probablemente no aprovecharía aquella generosa oferta de estacionamiento. Ni tampoco continuaría planificando bodas.

Mi próxima aventura en la búsqueda de una profesión me llevó a la venta de accesorios para cocinas. Tenía mucho sentido, de veras. Yo odiaba cocinar y no tenía idea alguna acerca de cómo abrirme camino dentro de una cocina. Suelo ser así de lógica.

Enseguida me convertí en una maestra en el arte de inventar cosas para cubrir mi ignorancia culinaria. Si los clientes me preguntaban por qué no le sacaba la piel exterior a la cebolla antes de usarla, les decía que pelar las cebollas era «de la vieja escuela» y que los estudios ahora demostraban que la piel contiene todos los nutrientes. Vine luego a descubrir que esto es cierto con respecto a las papas, así que no estaba tan lejos.

Sin embargo, sí estaba lejos; lo demostraba en mi descuido al leer algunas de las instrucciones para el uso correcto y el cuidado de algunos utensilios peligrosos. He ahí la explicación de por qué esta carrera también tuvo un final abrupto. Puede ser que haya sangrado o no sobre cierta pizza vegetariana después de un encuentro desafortunado con un cuchillo. El hecho es que aun así la pizza fue servida y mi breve aspiración de convertirme en chef acabó de repente.

Un día llegué a casa y le conté a mi esposo sobre una reunión que había tenido con una amiga mía que me había pedido que la ayudara con un boletín informativo llamado *Proverbios 31*. Él me miró y dijo: «¿Y cuánto durará esta pequeña carrera?». Con toda certeza, no había leído los versículos de Proverbios 31 que describen la opción que tiene el marido de ir a las puertas de la ciudad y cantar alabanzas a su esposa. Pero, para ser franca, yo tampoco la había leído entonces. De hecho, estuve en el ministerio durante tres meses antes de leer ese capítulo de Proverbios.

Cuando finalmente lo leí, me sentí casi como la impostora que había sido en mis días de cocinera. ¿Quién era yo para trabajar en un ministerio cristiano? En especial dentro de un ministerio que enseñaba a las mujeres a amar a sus esposos, educar a sus hijos y seguir a Dios cada día. Nada de eso parecía posible en mi caso. Yo era una mujer hueca, y no precisamente una santa. Le había dicho que sí a Jesús como mi Salvador, pero no tenía idea de cómo él podría llegar a ser la respuesta a mi vacío.

MEDICINAS QUE NO CURAN Y DIOSES FALSOS

Cuando era una niña pequeña, deseaba un papá que me alzara, me revoleara por el aire y me dijera que yo era adorable y que me amaba. Ese deseo insatisfecho de mi niñez se convirtió en un vacío y quebranto durante la vida adulta, lo que me hacía ir en pos de toda clase de medicinas fallidas. El primer remedio al que eché mano fue buscar alguien o algo que me hiciera sentir amada e importante. Era como andar por ahí llevando una pequeña taza en forma de corazón que extendía delante de todo aquel o aquello que pensaba que podía llenarla.

Le presentaba mi taza a la educación: «¿Puedes llenarme?».

Se la ofrecía a mi esposo: «¿Puedes llenarme?».

La sostenía delante de mis hijos: «¿Pueden llenarme?».

Se la extendía a las posesiones materiales: «¿Pueden llenarme?».

Se la entregaba a cada uno de mis empleos: «¿Puedes llenarme?».

Dentro de esas preguntas había muchas otras cuestiones enredadas: «¿Puedes corregir mis errores?», «¿Puedes llenar mis inseguridades?»,

«¿Puedes hacerme sentir importante?». Cuanto más presentaba mi vacío esperando que algo pudiera llenarlo, más frustrada me sentía. Y ahora que le había dicho sí a Dios, me encontraba especialmente perpleja. ¿No se suponía que este asunto de ser cristiano debía arreglar esa clase de cuestiones en mi corazón? ¿Qué parte era la que me faltaba entender?

¿Alguna vez te ha pasado algo así?

La realidad es que ninguna persona, posesión, profesión o posición jamás llenará la copa de un corazón herido y vacío. Ni el mío ni el tuyo. Es un vacío que solo Dios puede llenar. Todo lo que usemos como sustituto de Dios es un ídolo, un falso dios. Yo no lo sabía en ese tiempo, pero es una verdad pintada en colores brillantes a lo largo de las páginas de la Biblia. Tal vez la historia más dramática sea la que tiene lugar en 1 Reyes 18, donde se relata el enfrentamiento entre el profeta Elías y los cuatrocientos cincuenta profetas de Baal.

La realidad es que ninguna persona, posesión, profesión o posición jamás llenará la copa de un corazón herido y vacío.

Elías había desafiado al pueblo de Israel a que eligiera a quién serviría, si al Dios verdadero o al ídolo Baal. Como no respondieron nada ante su desafío, él les arrojó el guante al rey Acab y a los profetas de Baal. Cada una de las partes edificaría un altar, sacrificaría un buey e invocaría a su deidad para que hiciera llover un fuego que consumiera el sacrificio. La deidad que respondiera con llamas sería aquella a la que el pueblo aceptaría como Dios. Los profetas de Baal fueron los primeros:

> *Los profetas de Baal tomaron el buey que les dieron y lo prepararon, e invocaron el nombre de su dios desde la mañana hasta el mediodía.*
>
> *—¡Baal, respóndenos! —gritaban, mientras daban brincos alrededor del altar que habían hecho.*
>
> *Pero no se escuchó nada, pues nadie respondió. Al mediodía Elías comenzó a burlarse de ellos:*
>
> *—¡Griten más fuerte! —les decía—. Seguro que es un dios, pero tal vez esté meditando, o esté ocupado o de viaje. ¡A lo mejor se ha quedado dormido y hay que despertarlo!*
>
> *Comenzaron entonces a gritar más fuerte y, como era su*

costumbre, se cortaron con cuchillos y dagas hasta quedar bañados en sangre. Pasó el mediodía, y siguieron con su espantosa algarabía hasta la hora del sacrificio vespertino. Pero no se escuchó nada, pues nadie respondió ni prestó atención (1 Reyes 18:26-29).

Volvamos a leer la última frase: «Pero no se escuchó nada, pues nadie respondió ni prestó atención». Resulta una imagen vívida y constituye una fuerte advertencia: Obtendremos una respuesta similar cada vez que tratemos de lograr la satisfacción a través de un dios falso (cualquier cosa o persona que no sea el verdadero Dios).

Esta historia concluye en triunfo cuando Dios envía un rayo de fuego consumidor que devora el altar de Elías. El pueblo de Israel se arrepiente y los profetas de Baal son exterminados. El único Dios verdadero —nuestro Dios— se hizo conocer ese día. Nuestro Dios escuchó. Nuestro Dios respondió. Nuestro Dios prestó atención. Siempre lo hace.

¿Tienes una taza vacía en forma de corazón? Si es así, ¿con qué has intentado llenarla en el pasado? ¿Con qué estás procurando llenarla ahora? Yo he madurado en esta área, aunque todavía a veces resbalo. ¿Por qué es tan tentador buscar que las cosas de este mundo nos satisfagan?

La noción de que las cosas de este mundo pueden brindarnos un sentido de realización gira todo el tiempo alrededor de nosotros. Está en la televisión, en el punto central de muchas canciones (incluso en aquellas canciones de los años 80 que tanto me gustan… mmm). Ni siquiera puedo ir al supermercado sin ser bombardeada por sugerencias para lograr una vida más plena. Una mejor vida sexual. Una mejor carrera. Una casa más hermosamente decorada. Las revistas están llenas de ingenio, sus promesas son muy tentadoras. Y *de veras* producen un cierto entusiasmo temporariamente. Pero cada cosa que el mundo nos ofrece es temporal. Esos parches nunca llenarán nuestro vacío a largo plazo.

BATALLAR CONTRA LA TENTACIÓN DE «SI TAN SOLO TUVIERA»

Aun cuando no caigamos en la idolatría de confiar *solamente* en otras personas o cosas para sentirnos llenas, todavía podemos ser tentadas por la mentira de que las cosas de este mundo pueden producir plenitud. Se trata de una mentira típica que dice algo así: *Yo podría ser verdaderamente feliz y sentirme satisfecha si tan solo tuviera…*

Un cuerpo más esbelto.

Un marido.

Un marido más tierno y romántico.

Más dinero.

Una carrera más exitosa.

Una mejor personalidad.

Un bebé.

Hijos más inteligentes.

Yo no sé cuáles son tus frases «si tan solo tuviera...», pero sí sé que ninguna de esas cosas te llevará a encontrar la verdadera realización personal. Convertirnos en algo más que una buena chica de escuela dominical significa que, aun cuando se cumpla toda nuestra lista de aspiraciones, a menos que tengamos una fuerte relación con Dios, seguirá existiendo un hueco profundo en nuestra alma.

En lugar de decir: «Si tan solo tuviera...» y llenar el espacio que sigue con el nombre de alguna persona, posesión, profesión o posición, toma la decisión de reemplazar esa declaración por algo que lleve tu corazón más cerca de la verdad de Dios. Como no podemos alejarnos de la presencia de Dios y al mismo tiempo acercarnos, hablar la verdad endereza nuestras perspectivas y nos da un enfoque correcto.

A continuación incluyo algunos ejemplos que me han ayudado a luchar contra la tentación de permitir que otras personas, posesiones o posiciones tomen el lugar de Dios en mi vida.

PERSONAS

Ya no digo más: «Si tan solo hubiera tenido un padre que me amara...». En cambio digo: «El Salmo 68:5 promete que Dios será un padre para los huérfanos. Yo no tengo por qué ser la hija de una familia destruida por el resto de mi vida. Puedo ser una hija de Dios. El Señor puede llenar cada espacio que mi padre dejó vacío y usar para bien lo que aprendí a través de esas experiencias».

Tal vez tu vacío no haya sido provocado por un padre ausente, sino por una amiga que te hirió. O por un marido que te abandonó. O por el deseo de tener hijos que aún no llegan. Cualquiera sea el hueco que tengas en tu interior, Dios puede llenar tu vacío de manera perfecta. Ora usando esta paráfrasis de Lucas 1:78-79: «Por la tierna misericordia de mi Dios, por medio de la que el sol naciente vendrá a mí desde el cielo —para brillar en mi oscuridad y en lo que yo siento como la sombra de muerte— hallaré la paz».

Posesiones

Ya no digo más: «Si tan solo tuviera más posesiones…» En lugar de eso, ahora recito Mateo 6:19-21: «No acumulen para sí tesoros en la tierra, donde la polilla y el óxido destruyen, y donde los ladrones se meten a robar. Más bien, acumulen para sí tesoros en el cielo, donde ni la polilla ni el óxido carcomen, ni los ladrones se meten a robar. Porque donde esté tu tesoro, allí estará también tu corazón».

Toda posesión que hayamos anhelado tener, por buena que nos pueda parecer, solo será buena por un tiempo limitado. Vista a la luz de la eternidad, toda posesión se halla en proceso de desgaste y devaluación, y al final nos será quitada. Si enfocamos nuestro corazón solamente en la adquisición de cosas y más cosas, nos volveremos más vulnerable ante la posibilidad de perderlas.

Las posesiones tienen que ser apreciadas y usadas para bendecir a los demás; no han sido creadas con el propósito de constituir un signo de nuestra identidad. No está mal disfrutar de las posesiones, siempre y cuando no dependamos de ellas para sentirnos seguros.

Posición

Ya no digo más: «Si tan solo tuviera una mejor posición…» En cambio, ahora recito las palabras del Salmo 119:105: «Tu palabra es una lámpara a mis pies; es una luz en mi sendero». No necesito una posición mejor para llegar al lugar al que debo ir. No tengo que imaginarme el camino y pelearme con los demás para avanzar. Solo necesito que la Palabra de Dios me guíe. Únicamente cuando lo sigo a él paso a paso y lo honro puedo tener la certeza de que estoy justo donde el Señor me quiere, para hacer lo que él desea que haga.

Cualquiera sea el «Si tan solo tuviera…» con el que estés luchando, puedes reemplazarlo por una verdad bíblica sólida de las Escrituras que nunca te dejará vacía. Se trata de declaraciones valientes, que aun cuando suenen algo trilladas, resultan ciertas. Cuando la palabra de Dios se mete adentro de nosotros, se convierte en la nueva forma de procesar la vida. Reordena nuestros pensamientos, motivaciones, necesidades y deseos. Nuestra alma ha sido hecha a la medida de Dios, y su verdad, por lo tanto, se filtra dentro de cada área de nuestro ser y nos llena por completo. Es lo único que encaja a la perfección. ¡Y según el Salmo 119:30-31, ser llenos de la Palabra de Dios libera nuestros corazones! «He optado por el camino de la fidelidad, he escogido tus juicios. Yo, Señor, me apego a tus estatutos; no me hagas pasar vergüenza. Corro por el camino de tus mandamientos, porque has ampliado mi modo de pensar».

DE LA PROFESIÓN AL LLAMADO

Finalmente, para gran sorpresa de mi marido, senté cabeza y me quedé en una profesión por más de un par de meses. De hecho, cuando comencé a trabajar en el Ministerio Proverbios 31 descubrí algo aún mejor que una carrera: encontré mi llamado. Trabajar con Proverbios 31 ha resultado un camino de fe más emocionante de lo que podría haber imaginado. Pero a pesar de las muchas cosas que he tenido oportunidad de realizar, todo empalidece en comparación con la relación con Dios que he ido desarrollando a lo largo del camino. Siempre y cuando decida diariamente dejarme guiar por su verdad, él reemplaza mi vacío por una plenitud de amor que no presenta huecos.

Y con esa llenura de Dios puedo deshacerme de la taza en forma de corazón que he usado durante tantos años de necesidad. En vez de buscar siempre el sentido de realización a través de mis seres queridos y de otras bendiciones con las que cuento en mi familia, puedo sencillamente disfrutarlos por lo que son.

Siempre y cuando decida diariamente dejarme guiar
por su verdad, él reemplaza mi vacío por una plenitud
de amor que no presenta huecos.

Recientemente tuve una experiencia similar a la que describí al comienzo de este capítulo. En esa ocasión me senté en la cama y revisé mi vida. Hice a un lado mi computadora y dejé que mi corazón fluyera:

Estoy haciendo una pausa ahora.

Las lágrimas descienden suavemente por mis mejillas.

Art está mirando un evento deportivo grabado. Me alegro de no saber el resultado de ese partido… me sentiría tentada a provocarlo con respecto a las posibilidades y accidentalmente soltar la lengua.

Los niños están en casa con algunos amigos. Sus voces se cuelan por debajo de la puerta de sus habitaciones junto con estallidos de risa. Unos niños que lentamente se van convirtiendo en hombres se entretienen con videojuegos esta noche.

Hope duerme en uno de los sillones de mi habitación. Su respiración es regular. Los bucles caen al azar alrededor de su hermoso rostro. Los dedos de sus pies, con las uñas esmaltadas en rosado, asoman fuera de la frazada que la envuelve. ¿Cuándo crecieron tanto sus pies como para usar mi calzado?

La pequeña Brooke está acurrucada junto a mí en la cama. Se sintió frustrada porque quería ir a nadar con su hermana mayor, Ashely, y sus amigas. Pero la hice quedar en casa conmigo. Me alegro de haberlo hecho. Nos acurrucamos una junto a la otra, nos reímos y miramos una película. Aguantó apenas cuatro minutos antes de cerrar los ojitos y de que sus dulces sueños se convirtieran en el entretenimiento.

Y Ashely regresó luego de nadar y anda deambulando por la casa con cuatro amigas. El reloj marcará la medianoche pronto, y oficialmente comenzará el día en que cumple trece años.

Quisiera desesperadamente congelar este momento. Beber cada sonido, cada imagen, cada deliciosa evidencia de que hay vida. ¡Hay tantas cosas por las que estar agradecida! He pasado por miles de instantes de vida cotidiana similares, pero esta noche es diferente. Recordé hacer una pausa. Y reconocer aquellas cosas con las que he sido bendecida. No me apresuré a acostar a los niños solo para tener un tiempo para mí. Me senté y me sumergí en el momento. Y con cada lágrima que derramo me siento aún más llena.

Tal vez ese sea el verdadero secreto para sentirme realizada y contenta. Vivir el momento con Dios, permitiendo que me defina su verdad y no la expectativa irreal de que otras personas o cosas me llenen. Sin tratar de volver a aferrarme a las cosas que perdí en el pasado. Y no intentando alcanzar lo que espero para el futuro, sino viviendo plenamente lo que está justo enfrente de mí. Y apreciando de verdad el regalo de este momento.

Finalmente he sentado cabeza. Esa es la manera en que me siento desde que abandoné la intensa búsqueda de lo que se suponía que debía llegar a ser en la vida. Todavía tengo metas y esperanzas para el futuro, pero ellas ya no me arrojan a un frenesí. Sin embargo, debo continuar persiguiendo la verdad que me mantiene afianzada y el amor de Dios que me llena. Porque entonces mi desesperante vacío es reemplazado por un deseo de santidad. Y aunque me ha llevado años lograrlo, e indudablemente no lo pongo en práctica a la perfección, finalmente he hallado lo que estaba buscando.

CAPÍTULO 3

CUANDO SIENTO QUE NO ESTOY A LA ALTURA DE LAS EXPECTATIVAS

Gratificante.

Eso era lo que se suponía que debía ser aquel día especial, un día fulgurante como las estrellas en el colegio de mis hijos. Finalmente iba a ganar el premio a la mejor madre del año.

No se trataba de un premio oficial impreso en papel fino y enmarcado. No era así. Tan solo se trataba de un sentimiento, de la sensación que se tiene cuando alguien levanta los pulgares y asiente con la cabeza en señal de aprobación, y le hace sentir a una que haga está realizando un buen trabajo como madre.

Establecí como prioridad el ser una buena madre para mis hijos, pero es probable que nunca me convierta en la mamá en superestrella que realiza trabajos voluntarios en la escuela. Me había reconciliado con esa idea. Pero de vez en cuando, en algún momento de demencia, tengo visiones de grandeza que me hacen corretear por los pasillos para intentar hacer algo notable en una de las aulas de mis hijos.

¿Captas esa aterradora imagen, verdad? Un cuadro repleto de pistolas de pegar, escobillas limpiadoras, cuadraditos de fieltro de colores, instrucciones para manualidades poco realistas y un «gigantesco» dolor de cabeza. Aunque el término «gigantesco» parezca desproporcionado, cualquier mujer que conduzca la realización de manualidades en medio de una multitud de niños lo utilizaría para describir el punzante dolor de cabeza que se siente después de que todo ha acabado.

Sin embargo, este día de estrellato no tenía nada que ver con artesanías. No, era el gran día de venta de pastelería lo que me iba a coronar de gloria. Me había ofrecido como voluntaria para hacer cien brownies caseros, empaquetados de manera individual. Yo iba a ser muy refinada y utilizar la mezcla para brownies que viene en cajas, en lugar de esas antiguas mezclas de azúcar y mantequilla que se venden en bolsas económicas. Como ya lo dije antes, para este proyecto solo podía usarse algo «casero».

La receta en realidad requería que partiera unos cuantos huevos y midiera un poco de agua y aceite. Y después, usando la punta de un cuchillo, tal como lo señalaban las instrucciones, hasta hice un dibujo con una cobertura de caramelo encima. Hablaba en voz alta durante todo el proceso, a fin de tenerlo bien ensayado para cuando el show de Rachel Ray me llamara para pedirme que repitiera todo el episodio en su escuela de pastelería. Ellos a menudo quieren invitados que usen la mezcla de caja.

«Y luego se coloca en el horno perfectamente precalentado y, ¡ah, ya! tenemos una tanda lista que está por salir del horno ahora mismo. La punta del cuchillo sale limpia, y entonces sabemos que hay que retirarlos y dejarlos enfriar. Después del comercial volveremos para mostrarles la manera perfecta de envolver nuestros impecables brownies, que estoy segura despertarán todos esos "oooohs" y "aaaahs" con los que siempre soñaron».

Con cuidado corté y coloqué cada brownie en la seguridad de su pequeña bolsita. Acomodé prolijamente hileras de paquetitos en una canasta de mimbre que había comprado hacía algunos años. Fue en otro de esos momentos de visión de grandeza en que el local de artesanías hacía una venta de canastas de mimbre. Me imaginé a mí misma usando un elegante delantal de cocina mientras colocaba un guiso en la canasta y me dirigía a la casa de algún vecino.

Pero la canasta quedó arrumbada en un armario remoto, todavía portando la etiqueta con el precio y juntando polvo durante años. Sonreí mientras arrancaba la etiqueta de la manija y me sentaba a admirar el arduo trabajo realizado. Faltaba solo una horneada más de brownies por envolver, para luego dirigirme a mi día de gloria escolar.

Miré el reloj y vi que tenía que salir para el colegio en tres minutos. Rápidamente recluté a mis hijas para que me ayudaran a terminar. Brownies número noventa y cuatro, noventa y cinco, noventa y seis y... entonces un desastre de proporciones épicas sucedió, justo cuando mi hija mayor guardaba el brownie número noventa y siete.

¡Nueces!

¡Esos brownies tenían nueces adentro! Un montón de nueces. Y allí estaba yo parada frente al brownie número noventa y siete escuchando a mi hija recordarme que nuestra escuela era, por cierto, una escuela libre de frutos secos. No se permitían galletas ni sándwiches de jalea y mantequilla de maní y, con seguridad, tampoco brownies con nuezces en la mesa de las ventas.

¿Alguna vez has estado en una situación en la que sentiste que tu cabeza iba a explotar en un millón de partículas diminutas de polvo mágico?

Mis brazos comenzaron a sacudirse como para recoger las piezas desparramadas de mi cerebro y poner nuevamente todo en su lugar. Envié a los niños al auto y me comí los brownies noventa y ocho, noventa y nueve y cien.

Saqué la guía del colegio para conseguir el número de teléfono de la coordinadora, y un cartel en letras negritas grandes que decía: «Somos una escuela libre de frutos secos» parecía burlarse de todas mis buenas intenciones. Llamé y dejé el temido mensaje de que, en efecto, no llevaría mis preciosos elementos para la venta ese día.

Ninguna estrella. Ningún premio a la mejor madre del año. Nada de "ooohs" ni de "aaahs" ante mi canasta rectangular llena hasta el borde de esa delicia conocida como brownies con nueces. Ningún hijo feliz y orgulloso de los esfuerzos de su madre. Nada.

Solo una pizca de caramelo en mi labio superior y los noventa y siete brownies empaquetados individualmente. Con nueces.

Pasé el resto del día tratando de procesar el Gran Fracaso Brownie del 2008. Al principio lo vi como una debacle que definía mi desempeño como madre. Visiones de grandeza que llevaban a grandes problemas, que a su vez llevaban a expectativas no cumplidas, que acumulaban más y más culpa sobre mi ya frágil psiquis materna.

En el plan general de la vida, esto no era gran cosa. Lo entiendo ahora, pero en ese momento lo sentí como algo enorme. Lo sentía «gigantesco».

De repente me cubrió una gran ola de recuerdos que rememoraban los muchos otros episodios en los que no había alcanzado las expectativas. Cuanto más dejaba que mi mente descendiera en caída libre al hoyo de la negatividad y la culpa, más incapaz me sentía.

Y allí es exactamente donde a Satanás le hubiera encantado que yo me quedara. Esa es su meta diaria, en realidad. Si Satanás puede usar las experiencias cotidianas, grandes o pequeñas, para mutilar nuestra verdadera identidad, con eso logra que seamos un pueblo de Dios completamente ineficaz para el reino de Cristo.

Esos eran solo brownies.

Para una venta escolar.

Y esos brownies me habían derribado al suelo. No quería sonreír. No quería ser amable. No quería ser una discípula de Cristo ese día.

*Si Satanás puede usar las experiencias cotidianas,
grandes o pequeñas, para mutilar nuestra verdadera identidad,
con eso logra que seamos un pueblo de Dios
completamente ineficaz para el reino de Cristo.*

Sentía deseos de manejar a toda velocidad hasta el colegio, entrar al estacionamiento sobre dos ruedas, salir del auto (que tenía el logo de la empresa cristiana de mi esposo orgullosamente estampado en un costado) y gritar con todas las fuerzas que me permitieran mis pulmones: «¡Quienquiera que haya tenido la idea de vender pastelería hoy ya no es oficialmente mi amigo! ¿Ven lo que esta idea de la venta de pastelería me ha hecho hoy? Les daré los diez dólares que hubieran ganado vendiendo mis cien brownies caseros con mezcla de caja y nueces envueltos en paquetitos individuales. ¿Les mencioné ya que tengo cien cuadraditos de brownies empaquetados de a uno allá en mi casa? Mejor dicho, noventa y siete. Noventa y siete cuadraditos de delicioso chocolate en un día en el que la venta de pastelería agitó todas mis hormonas».

Noten que dije que quería hacer eso. Bien, no lo hice. Pero debo admitir que la caída en picada que experimenté por no estar a la altura de lo que se requería no constituye una imagen muy bonita que digamos.

Si te sientes identificada en alguna medida con esa historia, entonces este capítulo es para ti. Si no, eres totalmente libre para saltarte esta parte y hacer alguna delicia casera para todas nosotras que apareceremos mañana en la venta de pastelería sin nuestros prodigios. Te amamos. Y te agradecemos por adelantado.

Ahora volvamos al resto de nosotras que alguna vez sentimos que no estamos a la altura de las expectativas de los demás.

SENTIRSE COMPLETAMENTE INEPTO

Satanás se deleita cuando nos sentimos incapaces. Quiere ayudarnos a permanecer así. Desea que vayamos al estudio bíblico, aprendamos las profundas verdades de Dios, salgamos animadas y luego lleguemos a casa y tengamos un estallido de ira por noventa y siete brownies que no calificaron para la venta de pastelería.

Él quiere distraernos con este pensamiento altamente peligroso: «¿Por qué Jesús a mí no me da resultado?». Cuando dejo que mi mente divague en esa línea de pensamientos, comienzo a preguntarme por qué Jesús no irrumpió en la escena y me ayudó a recordar el «detalle», antes de que fuera demasiado tarde, de que la escuela no permitía frutos secos. Es decir, Jesús es lo bastante capaz como para hacer eso, ¿verdad? Es grande y poderoso, capaz de mover montañas. Ciertamente él podría haberme detenido antes de que agregara las nueces y estropeara mis brownies. Tal vez no le importaba tanto como para detenerme.

Lo ves, si Satanás puede lograr que sigamos haciéndonos esa clase de preguntas, entonces podremos justificar fácilmente nuestro distanciamiento de Dios, una vez más reduciendo nuestra relación con él a algunos meros ítems de una lista. Oré. Di. Serví. Hice mi tarea. Ahora espero que Dios haga su parte y siga bendiciendo mi vida.

Sin embargo, la pregunta, «¿Por qué Jesús a mí no me da resultado?» nunca es la correcta. En vez de eso, cuando las circunstancias cambian y sentimos que no cumplimos con las expectativas, podríamos preguntarnos: «¿Cómo puedo ver a Jesús también en esto?».

La única manera en la que puedo hacerme esa pregunta es cuando me alejo de la situación por la que atravieso y separo mis circunstancias de mi identidad.

Se suponía que mis circunstancias, en este caso, serían una maravillosa y productiva contribución para ayudar a la escuela, lo que me haría sentir realizada. Pero mis circunstancias cambiaron, como a menudo suele pasar. Y se convirtieron en un inconveniente en el que yo me redefiní como una madre fracasada.

¿Alguna vez te sucedió algo así?

Ahora establezcamos la verdad. A pesar de mis sentimientos, mi identidad seguía siendo la misma. Soy una madre amorosa. Soy una persona generosa. Soy una mujer que toma en serio sus responsabilidades.

No obstante, cuando las circunstancias se enredaron con la cuestión de no estar a la altura de las expectativas de los demás, redefiní mi identidad pensando cosas como: *Soy una fracasada irresponsable que constantemente decepciona a sus hijos.* Esa es una mentira que me lleva justo al lugar donde Satanás me quiere tener.

Convertirme en algo más que en una «buena cristiana» significa saber diferenciar entre los resultados y mi identidad y dejar que Jesús sea la única medida de mi valor. Separar lo que son las circunstancias de lo que es mi identidad me permite considerar el hecho por lo que que es: un error. Eso no significa que yo sea una fracasada como madre; significa que fui un poco desorganizada al revisar los detalles que tenían que ver con la pastelería. En vez de usar mis errores como un garrote para castigarme a mí misma, podía elegir verlos como un llamado a la acción.

CUANDO LOS JUSTOS CAEN, SE LEVANTAN DE NUEVO

«Porque siete veces podrá caer el justo, pero otras tantas se levantará; los malvados, en cambio, se hundirán en la desgracia» (Proverbios

24:16). ¿No resulta interesante que el escritor de Proverbios señale con claridad que a veces los justos caen? No una, no dos, no tres, ¡sino siete veces!

Me sentí mal por él. Había tenido siete ventas de pastelería fallidas. Eso significaba unos setecientos brownies caseros, hechos con mezcla de caja, envueltos en paquetitos individuales... Está bien, admito que tal vez esas no eran precisamente sus circunstancias. Apuesto a que hizo galletas con abundante mantequilla de maní. Pero las circunstancias no son el punto aquí, sino la reacción.

¿Y cómo reaccionó? Se levantó. Se recuperó. No se regodeó en la autocompasión por ese error, ni cuestionó su identidad, ni entró al estacionamiento de la escuela en dos ruedas. Conservó intacta su identidad: todavía se le llamaba justo después de haber caído siete veces. Y superó sus circunstancias considerando sus problemas como un llamado a la acción. Se levantó cada una de las veces.

¿Cómo podría ver a Jesús en el Gran Fracaso Brownie del 2008? Bueno, lo primero que hice fue separar mi identidad de lo que era mi error. Fracasé en la tarea de preparar cien brownies sin frutos secos, pero eso no me convertía en una fracasada.

¿Cuál fue mi llamado de atención? Proponerme escribir los detalles de las cosas en las que me ofrezco a ayudar en el colegio. Comencé a imprimir las instrucciones para cada proyecto antes de comenzar.

Y tengo que agregar aquí un pequeño test del corazón. Si me ofrezco como voluntaria solo para obtener la aprobación de los demás, entonces me estoy exponiendo a una potencial desilusión cada vez que lo hago. La razón por la que el fracaso duele es porque intentamos con todas nuestras fuerzas cumplir con las expectativas de los demás. Pero la manera en que las personas se miden unas a otras es cambiante, y puede basarse en sentimientos, en el desempeño de los demás y a menudo en expectativas poco realistas.

Dios nunca planeó que nos apoyáramos en los demás para lograr una sensación de bienestar. Solamente él puede proveernos eso. Su amor, perfectamente firme, inmutable e incondicional, es la única medida verdadera de lo que yo valgo. Comprender eso me lleva de regreso al verdadero corazón del voluntariado, que es servir a Dios a través de amar al prójimo por la abundancia de su amor en mi vida.

Dios nunca planeó que nos apoyáramos en los demás
para lograr una sensación de bienestar.

Mi última lección con respecto al incidente de los brownies fue decidir no tomarme las cosas tan en serio. En casi todos los fracasos y errores podemos encontrar algo de humor si tan solo lo buscamos. Y cuando lo miré desde ese punto de vista, encontré una gran historia detrás. Una que pude usar cuando me pidieron que fuera la oradora en el Día de Gratitud a los Voluntarios, esa misma primavera.

Yo.

La madre amorosa, generosa, que toma sus responsabilidades en serio y a la que casualmente le sucedió algo muy divertido cuando trataba de hacer cien brownies envueltos en forma individual para la venta de pastelería escolar.

La multitud presente en el Día de Gratitud se desternilló de la risa.

Tal vez haya más de una de nosotras que lidiamos con nuestras «deficiencias», después de todo.

Y la gente como nosotras puede sentirse alentada por Juan 15:9-11, donde Jesús dice: «Así como el Padre me ha amado a mí, también yo los he amado a ustedes. Permanezcan en mi amor. Si obedecen mis mandamientos, permanecerán en mi amor, así como yo he obedecido los mandamientos de mi Padre y permanezco en su amor. Les he dicho esto para que tengan mi alegría y así su alegría sea completa».

Es una cuestión del corazón. En vez de que mi corazón descanse en la esperanza poco realista de que otros harán que mi alegría sea completa, debo permitir que descanse tan solo en Jesús. Permanecer en él. Obedecerle. Ser fiel a sus mandamientos, aun cuando tenga el deseo de gritar y despotricar y hacer un berrinche por mis brownies con nueces. Entonces mi gozo será completo. No porque haya recibido un premio o cumplido con las expectativas de alguien, sino más bien por estar segura de que Dios me ama y debe haber tenido alguna buena razón para permitir ese gran caos de brownies.

Ah, ¿y qué sucedió con ellos? Bueno, seguramente iba a engordar cien kilos si los dejaba al alcance de mi mano. Entonces supe de una amiga mía que tiene seis hijos y se había quebrado un pie. ¡Perfecto! Pusimos el resto de las delicias en una gran bolsa de regalos, junto con una nota de amor y buenos deseos, e hicimos felices a seis niños y una madre con un pie fracturado.

Aunque así no es como siempre resultan las cosas que nos salen mal, la misma palabra con la que comencé este capítulo sería una forma apropiada de terminarlo.

Gratificante.

PARTE II

EN MI ANDAR CON DIOS

Cuando decidí seguir a Cristo, ocurrió un cambio en mi vida que hizo vibrar mi alma en el mejor sentido. Hice el compromiso de «limpiar mi manera de actuar» y «estudiar la Biblia». Tenía en mi cabeza la lista de todas las cosas correctas e incorrectas que una mujer cristiana debía hacer. ¡Y les digo que siempre quise ser una «buena cristiana»!

Sin embargo, a pesar de todo lo que hacía, me sentía vacía. Oraba, pero aún así me percibía como desconectada de Dios. Les testificaba a los demás, pero titubeaba y después pedía disculpas. Leía y estudiaba la Biblia, pero me sentía culpable cuando notaba que era mucho menos entusiasta en cuanto a ponerla en práctica. Quería entender y aplicar los principios bíblicos en mi vida, pero me sentía muy ignorante y elemental al respecto.

¿Qué andaba mal en mí? ¿Cómo podía trascender esa relación superficial con Dios que no producía diferencias en mi vida?

Un día se me ocurrió pedirle más a Dios. Literalmente comencé a suplicarle que me diera visiones y revelaciones y pruebas de que era posible algo más. Y lentamente el cambio comenzó a suceder. Dios honra las oraciones sinceras de aquellos que desean una conexión más plena con él.

Ya sea que estemos empezando a probar esta idea de Dios o que ya hayamos caminado con él por un buen tiempo, todos hacemos bien en desear más. En esta aventura de buscar a Dios, nunca se llega a un punto final.

En los próximos tres capítulos descubriremos la emoción de convertirnos en personas que se «autoalimentan», la razón por la que nuestro tiempo diario con Dios resulta crucial, qué hacer cuando luchamos por llevar adelante un tiempo devocional y la forma en que debemos estudiar la Biblia para que las Escrituras se vuelvan vivas y reales en nuestra vida.

Si eso no fuera ya emocionante, podría mencionar que también descubriremos una explicación bíblica para el caso de que alguna vez hayamos encontrado un colchón flotando en el estanque de nuestro jardín. Así que acompáñenme, «buenas cristianas», descubramos cómo caminar más cerca de Dios.

CAPÍTULO 4

MÁS ALLÁ
DEL DOMINGO POR LA MAÑANA

Yo era una de esas niñas que siempre aparecían con algún plan innovador. Una de mis ideas más disparatadas fue convencer a mi mamá de que me consiguiera una entrevista con el predicador de la iglesia que habíamos visitado unas pocas veces.

No constituíamos un modelo de membresía. Ni éramos de aquellos que se brindan, sirven y estrechan las manos de todos cuando el pastor los insta a que se den vuelta y saluden a los demás. Yo detestaba esa parte. Me satisfacía quedarme sentada, en actitud desafiante, sobre el duro banco de madera y usar los sobres de la ofrenda para dibujar a las personas que se sentaban cerca de mí. Me encantaban los hombres mayores de nariz grande y las señoras de peinados abultados. Me moría de risa mientras los dibujaba. Pronto el banco entero se sacudía a causa de mis carcajadas, hasta que mamá me pellizcaba tan fuerte que casi me ponía a llorar.

No solo no éramos miembros, sino que tampoco asistíamos con regularidad (un hecho que probablemente me deleitaba más que aquellas personas a las que hacía presa de mis interpretaciones artísticas).

Sin embargo, en aquellas ocasiones en que nos sentábamos en ese enorme edificio de campanario blanco realmente me sentía molesta. Nunca me había aburrido tanto en todos los días de mi vida. Mis ojos se volvían pesados y comenzaba a cabecear hasta que el predicador levantaba la voz, se ponía bizco, golpeaba el púlpito con su puño y escupía doscientas cincuenta y tres micro gotas de saliva. Su rostro se enrojecía tanto que yo temía que explotara en cualquier momento.

Esa parte me parecía absolutamente entretenida. Pero luego mi estómago comenzaba a gruñir, y lo único en que podía pensar durante el resto del sermón era en lo que comeríamos ese mediodía y si mi mamá iba a aflojar sus reglas de «cero azúcar» y me permitiría tomar una Coca Cola. Tan pronto me quitaba el molesto vestido que llevaba a la iglesia al llegar a casa, me deshacía también de todo recuerdo de lo que el predicador había hablado.

Lo consideraba una pérdida de tiempo colosal. Especialmente por el hecho de que en casa me esperaban las cintas de Donny y Marie Osmond y prefería aquella música al coro de la iglesia. Y mi papá no asistía a las reuniones. Tampoco ninguna de mis amigas.

Sin embargo, una amiga mía asistía a una iglesia a la que amaba. Allí tenían «iglesia para niños», con abundantes rosquillas y jugo de naranja. Ninguno de los niños tenía que quedarse en el gran templo. Iban a un salón en el que había panderetas, franelógrafos y caramelos para los ganadores del concurso bíblico. (No te diré lo que pensaba que era un concurso bíblico antes de que mi amiga me invitara y lo viera con mis propios ojos).

Después de visitar la iglesia de mi amiga, llegué a casa con una visión renovada de lo que debía ser una iglesia. Podía citar el versículo que aprendimos, recordar la historia bíblica y la manera en que eso se aplicaba a mi vida. Estaba tan emocionada por ese descubrimiento que me sentía impulsada a compartir las buenas nuevas con el predicador de «nuestra» iglesia.

Y mi mamá fue lo bastante loca como para llevarme a esa cita. Pienso que ella creería que iba a hablar con él sobre cómo ser salva o acerca de bautizarme. Si se lo hubiera aclarado de antemano hubiera impedido que le crecieran las seis nuevas canas que seguramente le salieron después de ese día.

Así que me senté detrás de ese enorme escritorio de cedro, moviendo mis zapatillas nuevas para adelante y para atrás. Con gran expresión y entusiasmo presenté mi caso sobre una auténtica iglesia de niños para nosotros solos. Incluso le aseguré que todo estaría bien si no podían pagar las rosquillas y el jugo.

Lo más importante era tener a alguien que pudiera predicar sermones de una manera en que los niños entendieran de verdad y quisieran llegar a su casa y leer la Biblia por su propia cuenta. Porque, de veras, era una pena usar un vestido incómodo durante medio día y sentarse en un banco duro solo para hacer dibujos, dormirse y contar las gotas de saliva.

Aunque se abstuvo de patearme el pequeño trasero, estoy segura de que el predicador nunca captó mi visión. No lo sabré. Mi mamá pensó que sería mejor comenzar a visitar la iglesia de mi amiga después de todo.

Aunque yo no presenté el caso con la mayor calidad del mundo, cuando considero nuevamente el punto que trataba de enfatizar todavía lo encuentro muy válido. Aun a mi corta edad y aunque no descubriría lo que significaba tener una relación con Jesús por muchos años, quería que mi experiencia de asistir a la iglesia fuera más que una rutina de domingo por la mañana.

Quería que sirviera para algo más que para hacernos parecer buenos. Y aunque las rosquillas, el jugo de naranja, las panderetas, los franelógrafos y los caramelos para los ganadores de los concursos bíblicos eran notas agradables, lo que en realidad me encantaba era la manera en que la iglesia de mi amiga me hacía querer ir a casa y abrir la Biblia por mí misma.

Era una semilla de esperanza que no fructificó hasta que llegué a la adultez. Pero constituía un comienzo en cuanto a ver la Biblia como algo más que un libro gordo, intimidante y difícil de entender, del que solo las personas superespirituales podían aprender.

¿TE AUTOALIMENTAS?

Bill Hybels, el pastor principal de la Iglesia Willow Creek, una de las más influyentes de los Estados Unidos, recientemente hizo algo sorprendente. Se disculpó.

Después de encuestar a las miles de personas que asisten a Willow Creek, la iglesia descubrió que su método de crecimiento espiritual era fundamentalmente defectuoso. «Cometimos un error», admitió Hybels. «Cuando las personas se convirtieron en cristinas deberíamos haber comenzado a enseñarles que tenían que asumir la responsabilidad de "autoalimentarse". Deberíamos haberles enseñado a leer su Biblia entre un servicio y otro, y a practicar las disciplinas espirituales de manera más persistente y tenaz por su propia cuenta [1]».

Estoy totalmente de acuerdo. Practicar las disciplinas espirituales con mayor persistencia y tenacidad por nuestra propia cuenta es exactamente lo que necesitamos. ¡Pero, aguarden un minuto! ¿Lo que estamos buscando no es algo más que ser buenas chicas de escuela dominical? ¿No solemos decir que la gente está llena de conocimiento intelectual, pero que muere de hambre por experimentar a Dios? Sí, pero la verdadera plenitud requiere de un equilibrio entre ambas cosas. Y la responsabilidad tanto de aprender como de experimentar debe descansar sobre nuestros hombros, no sobre los de la iglesia.

En vez de considerar las opciones ministeriales que nuestra iglesia ofrece y preguntarnos: «¿Cuál de ellas suplirá mis necesidades y me alimentará en la forma en que preciso ser alimentada?», debemos observar a nuestras iglesias para preguntarnos: «¿En qué lugar del cuerpo de Cristo puedo marcar una diferencia? ¿Cómo puedo convertirme en una mujer que aplica su conocimiento de la Biblia? ¿Dónde puedo vivir el mensaje de Jesús de servir, amar y dar?».

En vez de considerar las opciones ministeriales que nuestra iglesia ofrece y preguntarnos: «¿Cuál de ellas suplirá mis necesidades y me alimentará en la forma que preciso ser alimentada?», debemos observar a nuestras iglesias para preguntarnos: «¿En qué lugar del cuerpo de Cristo puedo marcar una diferencia?».

¿De qué manera nos convertimos, como sugiere Hybels, en gente que se «autoalimenta»?

Bueno, vayamos a conseguirnos una gran rosquilla empalagosa y un vaso grande de jugo de naranja y ya podemos comenzar. Solo bromeo. Puede ser un vaso chico.

LEER Y ESTUDIAR LA BIBLIA POR UNO MISMO

Ya sea que solo estés probando el cristianismo o que hayas asistido regularmente a la iglesia por años, estudiar la Biblia por cuenta propia puede resultar intimidante a veces. Pero nunca creceremos hasta alcanzar nuestro potencial a menos que nos sumerjamos en un estudio serio de las Escrituras. Hay tres cosas que debemos hacer cuando leemos y estudiamos la Biblia por nuestros medios: orar, descubrir el contexto y leer el pasaje frase por frase.

ORAR

Convertirnos en alguien que se alimenta solo requiere primeramente que oremos y le pidamos a Dios que abra nuestros ojos espirituales como nunca antes. A eso se refiere el apóstol Pablo cuando dice: «Pido que el Dios de nuestro Señor Jesucristo, el Padre glorioso, les dé el Espíritu de sabiduría y de revelación, para que lo conozcan mejor. Pido también que les sean iluminados los ojos del corazón para que sepan a qué esperanza él los ha llamado, cuál es la riqueza de su gloriosa herencia entre los santos, y cuán incomparable es la grandeza de su poder a favor de los que creemos» (Efesios 1:17-19).

Detente ahora mismo y haz esta oración:

Dios, te pido ahora, y te seguiré pidiendo, que me des un Espíritu de sabiduría y revelación, para poder conocerte mejor. Oro que ilumines los ojos de mi corazón para que pueda conocer la esperanza a la que tú me llamaste, las riquezas de tu gloriosa herencia en los santos, y tu incomparable gran poder para los que creemos.

Una vez que hemos orado y preparado nuestros corazones para ver y recibir la sabiduría contenida en la Palabra de Dios, estamos listas para concentrarnos en el texto que tenemos delante de nosotras.

COMENZAR POR EL CONTEXTO

Cada vez que leo y estudio la Biblia por mi cuenta, me gusta comenzar aprendiendo algo del contexto general del versículo o pasaje en particular. El contexto se descubre haciendo algunas preguntas básicas como *quién, qué, cuándo, dónde y por qué*. Con respecto al pasaje de Efesios 1, por ejemplo, quiero saber cosas como: ¿Por qué este libro de la Biblia se llama Efesios? ¿Quién lo escribió? ¿Por qué lo hizo?

Yo uso la *Biblia de Estudio de la Nueva Versión Internacional,* que brinda un montón de información, incluyendo un panorama de cada libro de la Biblia. Allí aprendo que los «efesios» eran personas que vivían en Éfeso, una de las cinco ciudades principales del imperio romano. El libro de Efesios fue una carta escrita por el apóstol Pablo, aproximadamente en el año 60 d. C., a la iglesia de Éfeso. Cautivo en una prisión romana en ese momento, escribió para animar a los cristianos efesios y recordarles cuál era el propósito de la iglesia.

¿Quién era el apóstol Pablo? Para hallar esa respuesta, busco en la parte final de mi *Biblia de Estudio de la Nueva Versión Internacional* en una sección llamada «Índice de notas». Allí encuentro los números de las páginas de mi Biblia que contienen comentarios sobre Pablo. Los comentarios proveen una explicación y datos históricos que tienen que ver con algún versículo en particular. Una de las razones por las que me gusta tanto la *Biblia de Estudio de la Nueva Versión Internacional* es que el comentario está dentro de la Biblia, justo al lado del texto con el que se relaciona. Si tu Biblia no tiene comentarios así, busca en una librería cristiana alguna opción de comentarios que vengan aparte; puedes encontrar también algunos comentarios muy confiables online. O puedes pedirle a alguien del equipo pastoral de tu iglesia que te recomiende el comentario que considera más aceptable dentro de tu denominación. ¡Sospecho que esta es una pregunta que les encantará responder!

Si no tienes acceso a ningún recurso adicional que te ayude a entender ciertos pasajes, puedes hacer dos cosas: Primero, pedirle a Dios que te revele con claridad la verdad que se supone que debes entender del pasaje que estás leyendo. Y, en segundo lugar, asegurarte de leer la sección anterior y la posterior al pasaje en particular, para que eso te dé una idea acerca de la intención del autor. Algunos versículos pueden adquirir un significado completamente diferente si los sacas de su contexto.

Después de leer varias notas de comentarios dentro de mi Biblia, descubro que antes de que Pablo fuera creyente era un líder religioso judío que perseguía, ponía en prisión y mataba a los cristianos por su fe. Luego tuvo un encuentro drástico con Jesús que le cambió la vida, y nunca más fue el mismo: se transformó en un seguidor apasionado de Jesús y en un misionero especialmente llamado a alcanzar a los no judíos, también conocidos como gentiles. ¡Vaya! ¡Hablando de descubrir a Dios de una manera superior! Pablo evidentemente era un hombre que entendía cómo ir más allá de considerar a la iglesia como una rutina y vivir cada día totalmente entregado a Dios. Este es un hombre del que yo quiero aprender.

Pablo había visitado Éfeso durante su primer viaje misionero y se quedó allí por casi tres años. La carta que les dirigió a ellos está llena de amor y afecto, porque conocía a esa gente muy bien.

Una vez que interiorizo el contexto de los versículos y sé quién los escribió, puedo analizar cualquier pasaje de ese libro y entender mejor cómo encaja dentro del contenido total de Efesios.

LEER EL PASAJE FRASE POR FRASE

Como cada palabra y cada frase dentro de la Biblia ha sido puesta intencional y divinamente en ese lugar, nos encontramos con muchos descubrimientos y revelaciones esperando por nosotras cada vez que la estudiamos.

Para encontrarlos, escribe las palabras del versículo en una hoja de papel, luego subraya las palabras o las frases que parecen ir juntas. Una vez que lo hayas hecho, medita acerca de la razón por la que esas palabras o frases están dentro de ese pasaje y del valor que le añaden. Es un gran ejercicio periodístico.

Mira lo que sucede cuando llevamos a cabo este proceso con Efesios 1:16 (RVR60): *«Haciendo memoria de vosotros en mis oraciones»*. Observa que Pablo no ora solo una vez para que los efesios tengan sabiduría y revelación; él continúa pidiendo. En otras palabras, es una oración constante. Su ejemplo nos desafía a hacer un hábito de seguir pidiéndole a Dios sabiduría y revelación. Al hacerlo, admitimos nuestra dependencia diaria de Dios y la necesidad que tenemos de él. Eso nos mantiene humildes, al recordar que toda sabiduría y revelación es un regalo de Dios y no algo que podamos sacar de la nada a partir de nuestras propias fuerzas, porque seamos inteligentes o astutas.

Hacer memoria. Esa declaración es rica desde la perspectiva de la disciplina, la perseverancia y la determinación. Así debe haber sido como Pablo oraba. Su transformación de perseguidor de los cristianos a siervo de Cristo fue inmediata y asombrosa. La Biblia dice: «Y en seguida se dedicó a predicar en las sinagogas, afirmando que Jesús es el Hijo de Dios. Todos los que le oían se quedaban asombrados» (Hechos 9:20-21). ¿Cómo pudo él haber conocido a Jesús de inmediato y lo suficiente como para pasar de matar cristianos a predicar el evangelio?

Si esta clase de sabiduría y revelación asombrosas estuvieron disponibles para Pablo, que tan solo unos días antes vivía como un enemigo de Cristo y sus seguidores, debemos creer que lo mismo puede ocurrir con nosotros.

Sigue pidiendo.

«El Dios de nuestro Señor Jesucristo, el Padre glorioso...». ¿No resulta asombroso que podamos ir a Dios en persona y pedirle cosas? Nos podemos sentar sin temor, moviendo nuestras zapatillas hacia delante y hacia atrás, y hablar sinceramente con el Creador del universo como yo lo hice con aquel predicador. Solo que Dios no se pondrá colorado ni se ofenderá. Él no tiene problemas de raíz ni estalla como la gente lo hace.

Glorioso puede significar varias cosas, pero mis definiciones preferidas son: «tener derecho a gran renombre» y ser «completamente agradable».[2]

¡Qué hermosa manera de pensar acerca de Dios! No le pedimos algo a una deidad remota, distante, airada, que gobierna levantando o bajando el pulgar. Se lo pedimos a Dios, el Dios de nuestro Señor Jesús. Nuestro Padre, que tiene derecho al sumo renombre y a la misma vez es completamente agradable y disfrutable.

«Les dé el Espíritu de sabiduría y de revelación...» Nuevamente notemos la interesante elección de palabras que hallamos aquí. En vez de orar para que los efesios tengan sabiduría y revelación, Pablo le pide a Dios que les dé el *Espíritu* de sabiduría y revelación. ¿Por qué esto?

Porque tan solo pedir sabiduría y revelación es arañar la superficie de lo que Pablo desea para los efesios. Tener sabiduría y revelación los puede ayudar a tomar buenas decisiones, pero Pablo desea que tengan el *Espíritu* de sabiduría y revelación, de modo que cada palabra de ellos, cada actitud, cada acción y reacción, y cada pensamiento esté inundado de la sabiduría de Dios, para que puedan dar rienda suelta a su revelación.

Ah sí, ¡eso es lo que yo quiero por cierto! No deseo ser tan solo una mujer con sabiduría y revelación; quiero tener el Espíritu de sabiduría y revelación obrando a mi alrededor, dentro de mí, a través de mí y delante de mí (especialmente cuando esas hormonas enloquecidas amenazan mis mejores intenciones), ¡Amén, hermana! ¡Ahora hay un sermón que predicar!

«Para que lo conozcan mejor». La parte «para que» de este versículo revela las intenciones del corazón. Pedimos y seguimos pidiendo sabiduría y revelación solamente por una razón: deseamos conocer mejor al Señor.

No pido este tipo de sabiduría «para» tomar mejores decisiones en mis negocios. O «para» ser capaz de manejar mis circunstancias. O «para» escalar a una mejor posición con más poder y prestigio. O «para» sentirme inteligente al dar la respuesta exacta en el siguiente estudio bíblico.

No. En realidad no tiene absolutamente nada que ver conmigo. Tener el Espíritu de sabiduría y revelación es exclusivamente «para» conocer mejor a Dios. Conocerlo realmente. No solo tener datos acerca de él, sino conocerlo de una manera más profunda de lo que jamás pensé posible.

Tener el Espíritu de sabiduría y revelación es exclusivamente «para» conocer mejor a Dios.

Ese es mi mayor deseo. El que se instaló en mí cuando era una niña pequeña y alcancé a vislumbrar que era posible aprender acerca de Dios, hablar con él y aplicar sus enseñanzas a mi vida de una manera que implicara una diferencia en la forma de vivir cada día.

HAZ LA PRUEBA EN CASA

Ahora es tu turno. En tu cuaderno de notas o en la página libre que aparece al final de este capítulo, anota los dos versículos siguientes del pasaje de Efesios 1 que hemos estado considerando juntas y practica el ejercicio de considerar frase por frase tú sola. No te preocupes. Grandes tesoros de sabiduría, revelación, crecimiento y conexión con Dios te aguardan más adelante. Te convertirás en una mujer que se «autoalimenta», capaz de sumergirse hondo en la Palabra de Dios para dejar que ella reacomode su visión y ser capaz de conocerlo a él en mayor profundidad.

Mi cita con el predicador cuando era niña no dio muy buenos resultados. Pero mis reuniones diarias con Dios son gloriosas y completamente agradables. Oro para que las tuyas también lo sean.

Y, por favor, ora por mí. Mi mamá siempre se deleitaba en la esperanza de que yo tuviera hijos que fueran como yo. Él respondió sus oraciones cinco veces más. ¡Necesito su misericordia!

Efesios 1:17-19

Pido que el Dios de nuestro Señor Jesucristo, el Padre glorioso, les dé el Espíritu de sabiduría y de revelación, para que lo conozcan mejor. Pido también que les sean iluminados los ojos del corazón para que sepan a qué esperanza él los ha llamado, cuál es la riqueza de su gloriosa herencia entre los santos, y cuán incomparable es la grandeza de su poder a favor de los que creemos.

CAPÍTULO 5

BLUES DEL TIEMPO DEVOCIONAL

Mi esposo susurró y se rió entre dientes mientras le decía a mi amiga Holly: «Creo que Lysa está un poco premenstrual». Quiso decir premenopáusica, pero su confusión me hizo reír aunque *estaba* en medio de uno de *esos* días en los que no ando de humor como para reírme. En realidad, más bien era una de *esas* semanas. Y no tenía nada que ver con mi desequilibrio hormonal.

Había dejado que el nivel de mi frustración escalara a tal punto que cada pequeña cosa me molestaba. En una escala del 1 al 10, mis emociones rondaban el 8,5. Y cuando sucedía cualquier cosa saltaba como leche hervida una y otra vez.

Se trataba de una semana repleta de fechas de vencimientos turnos para los niños y preparativos para recibir la visita de mi hermana y su familia. Como vivimos a siete horas de distancia, rara vez viene a mi casa. Llamémoslo hospitalidad o cuestión de orgullo, pero yo quería que todo se viera bien. Ya saben, limpio, ordenado, acogedor; un poco mejor que cualquier día normal en casa.

Quería demostrarle que había crecido algo desde el tiempo de mis hábitos desastrosos de adolescente por los que había sido famosa mientras vivimos juntas en casa; que había madurado un poco. Por otro lado, estaba casi segura de que ella le pasaría el informe a nuestra madre después de pasar juntas el fin de semana. No quería exagerar, pero imaginaba que ella querría dormir en sábanas sin pelos de perro y caminar sobre el piso sin que nada se le adhiriera a la planta de los pies.

Todo marchaba bien hasta que mis niños decidieron ser niños. Solo digamos que el resultado demostraba que nunca saldría en un artículo de la revista *Southern Living*. No se trataba de que mi objetivo fuera que el artículo sobre mi casa estuviera enmarcado entre recetas de comida que nunca cocinaría y folletos de vacaciones que nunca podría pagar, solo estoy declarando una verdad.

Todo el ajetreo de prepararme para la venida de mi hermana había intensificado las «reglas de mamá», cosas que les decía a mis hijos una y otra vez todo el tiempo, pero que en especial deseaba que se cumplieran ese fin de semana. Cosas como:

- Tiramos de la cadena del inodoro cada vez que lo usamos; sin excepciones.
- Un rollo de papel higiénico vacío es un llamado a la acción antes de sentarse.
- La aspiradora de pelusas debe vaciarse luego de cada uso, a menos que quieran que nuestra casa se incendie y nos quedemos en la calle.
- Si la botella de jugo de naranja está vacía, va al tacho de basura y no de nuevo a la heladera.
- Cuando mami señala que comeremos lo que ha quedado, eso no implica pedirle a tu hermano que te lleve al almacén para comprar golosinas y bizcochos.
- Todos nos sentiríamos mejor si las uñas de los pies se cortaran afuera y no sobre la mesa de la cocina; eso constituye una violación a las leyes sanitarias.
- Si derraman algo dulce y pegajoso en el suelo, pongan a mamá de buen humor limpiándolo antes de que las hormigas lo encuentren.

Nunca se me cruzó por la cabeza que tendría que añadir a la lista: «Si encuentran un colchón en el cesto de desechos del vecino, no lo metan al estanque para usarlo como elemento de flotación. Porque entonces se llenará de agua y será imposible retirarlo del estanque. Y luego todo aquel que venga a visitarnos, de pronto recordará una cierta comedia de Jeff Foxworthy llamada *Podrías ser un campesino bruto si... tuvieras un colchón flotando en el estanque de tu jardín del frente*».

Precisamente cuando eso ocurrió, mi esposo les dijo a los niños que se encargaran de la situación del colchón. Y lo hicieron. Salieron y saltaron, saltaron, saltaron hasta que el colchón se sumergió por completo. Por supuesto, ellos no nos dijeron de qué manera se habían encargado de él. Nosotros supusimos que lo habían puesto de nuevo en el cesto de residuos.

Pero luego, una preciosa mañana mientras el sol se levantaba, también emergió el colchón. Solo allí la urgencia de la situación hizo sonar la alarma de alerta máxima, cuando de repente se me ocurrió que el colchón sería la primera cosa que mi hermana y su familia notarían al llegar a casa.

Un colchón flotando. Y no hablamos de un colchón de aire que pueda confundirse con un flotador. No, nos referimos a esa cosa que se encuentra bajo nuestras frazadas y sobre la que dormimos todas las noches. Sí, eso que tiene resortes y relleno de guata. Ahora flotaba en mi estanque. Completo con tortugas y todo asoleándose encima para darle un efecto especial.

El colchón fue, por cierto, la primera cosa que mi hermana notó al girar por el camino de la entrada. Y lamento decir que yo me sentía tan frustrada porque las cosas no estaban a la altura de lo que esperaba, que ni siquiera pude disfrutar de lo desopilante que resultó esa situación.

Normalmente lo habría hecho. Pero esta había sido una semana en la que muchas cosas habían ocupado el tiempo que debía pasar con el Señor y eso me había quitado la paz interior. Cuanto más tiempo pasaba sin encontrarme con Dios, más desesperada, obnubilada y hambrienta se tornaba mi alma.

Hacer las cosas cuando una se siente vacía conduce finalmente a que todo colapse y se detenga. Ese era, sinceramente, el punto en el que me encontraba. Como si mi vida no estuviera ya sonando como una mala canción country, ahora también yo empezaba a entonar los blues del tiempo devocional.

¿POR QUÉ RESULTA TAN IMPORTANTE TENER UN TIEMPO DEVOCIONAL CON JESÚS?

Cuando Jesús se levantó de la tumba y apareció en medio de sus discípulos, reunidos a puertas cerradas, imagino que ellos se asombraron, quedaron estupefactos y se volvieron locos de alegría. Con toda intención, Jesús eligió aquellas palabras que usó para saludarlos. De todos los temas que podría haber elegido en ese momento, seleccionó lo que más necesitaban. ¿Qué era?

¿Gozo?

¿Esperanza?

¿Amor?

Aunque todo eso ciertamente hubiera resultado apropiado, Jesús no usó ninguna de esas palabras. Simplemente les dijo una y otra vez: «¡La paz sea con ustedes!». Según Juan 20, eso fue lo primero que dijo. Lo repitió nuevamente antes de soplar sobre ellos para que recibieran el Espíritu Santo. Luego, cuando se dirigió a Tomás en medio de sus dudas, lo pronunció otra vez: «¡La paz sea con ustedes!»

Y me parece interesante que cada vez que se registra que Jesús dijo eso, el escritor finaliza la oración con un signo de exclamación. Lo cual indica que Jesús no solo lo dijo a propósito, sino que también fue enfático en su modo de decirlo. Sus palabras traslucían gran énfasis y urgencia.

¿Por qué paz?

¿Y por qué Jesús utilizó esa frase en particular: «¡La paz sea con ustedes!»?

Yo tengo una teoría. Este mundo es muy bueno en cuanto a presentar fachadas. Los momentos temporales de felicidad mundana pueden parecer gozosos. El mundo confunde la esperanza con el pensamiento positivo. Y ha hecho de la palabra «amor» un término barato que se usa para describir sentimientos que cambian según el viento.

La oferta de gozo, esperanza y amor que hace el mundo es pasajera, temporal y peligrosamente inestable… pero tiene la capacidad de montar un buen show a corto plazo.

«Me promocionaron en el trabajo: ¡Gozo!».

«Creo que podemos comprar esta casa: ¡Esperanza!».

«Le gusta pasar tiempo conmigo: ¡Creo que estoy enamorada!».

Sin embargo, se puede perder el empleo en un instante, nos pueden embargar la casa, y los sentimientos de amor se pueden esfumar tan rápido como aparecieron.

La oferta de gozo, esperanza y amor del mundo es pasajera, temporal y peligrosamente inestable… pero tiene la capacidad de montar un buen show a corto plazo.

Así que, en realidad, lo que el mundo ofrece (por breves momentos) es falso gozo, falsa esperanza y falso amor.

No obstante, lo que el mundo no puede ofrecer es falsa paz. Puede brindar un entorno de paz y ciertos rituales que evoquen pensamientos apacibles… pero no el verdadero contentamiento del alma. La paz que fluye a pesar de las circunstancias solo se halla cuando Jesús está con nosotros. Por esa razón Jesús lo expresó de ese modo: «¡La paz sea con ustedes!». En otras palabras: «Ustedes pueden atravesar por cualquier circunstancia, mis amados seguidores, si solo comprenden que yo soy la paz y que estoy con ustedes».

¿Por qué es tan importante pasar tiempo con Jesús cada día? Porque él nos dará las instrucciones precisas y el consuelo que necesitamos para manejar todo aquello que sabe que se avecina. Nos mostrará cómo actuar y, lo que implica un desafío mayor, cómo reaccionar ante cada situación. Es la medida perfecta de su paz la que se nos ofrece. Con gran expectativa podemos colocarla en el bolsillo y llevarla con nosotros. En vez de convertirnos en esclavos de nuestras emociones y reaccionar en base a nuestros sentimientos, podemos permanecer en victoria y paz sin que importe lo que suceda.

Hace unos meses cenamos con una pareja que nos hacía un montón de preguntas acerca de la manera en que Art y yo manejábamos todo lo que teníamos entre manos: cinco hijos, un ministerio en desarrollo y un restaurante. Les aseguramos que algunos días lo teníamos todo bajo control, pero que, francamente, otros días todo se volvía un poco desquiciado.

Entonces el marido hizo una pausa y luego dijo: «Pero en todo momento ustedes parecen tener paz».

Ante eso, sonreí.

Tenía razón. Al menos era cierto en forma parcial. Cuando me tomo el tiempo para encontrarme con Jesús cada mañana estoy mucho mejor preparada para enfrentar la vida con paz que si simplemente encaro el día sin él.

Porque Dios es capaz de encontrarse en mi ayer, en mi hoy y en el mañana que me toque; él conoce todas las cosas y sabe para qué debo prepararme. Me encanta el modo en que el salmista expresa esta verdad: «Señor, tú me examinas, tú me conoces. Sabes cuándo me siento y cuándo me levanto; aun a la distancia me lees el pensamiento. Mis trajines y descansos los conoces; todos mis caminos te son familiares. No me llega aún la palabra a la lengua cuando tú, Señor, ya la sabes toda» (Salmo 139:1-4). El Señor percibe los pensamientos que tenemos y las palabras que pronunciaremos en respuesta, y quiere prepararnos, interrumpirnos y hasta, tal vez, redirigirnos. Nos ama lo suficiente como para desear protegernos de nuestras reacciones naturales y carnales.

Si en alguna medida eres como yo, tal vez te encuentres a menudo clamando: «¡Dios, ayúdame!». Si paso tiempo con Jesús por la mañana, resulta sorprenderte la forma en que lo que él me enseña viene a mi mente en el momento de la desesperación, y es exactamente lo que necesito. Si mi corazón está preparado para recibir la ayuda perfecta de Dios, entonces puedo recibirla cuando la necesito y soy mucho más propensa a aplicarla inmediatamente.

Parece algo demasiado elemental decir que debemos pasar tiempo con Jesús y leer la Biblia todos los días. Por supuesto que deberíamos hacerlo. Lo sabemos. Es una de las primeras cosas que aprendemos en el curso «Cristianismo 101». Pero resulta increíble que cuando me siento a hacerlo, inmediatamente un millón de asuntos urgentes invaden mi cerebro. De repente se vuelve tentador contestar un mail, poner la ropa en el lavarropas, hacer la lista de las compras y comenzar el día con orden.

Sin embargo, si no pongo mi corazón en orden primero, me garantizo una actitud inapropiada para ese día. Sin lugar a dudas. Sin excepción. Si no paso tiempo con Jesús, mis reacciones son más severas, mis perspectivas un poquito más egocéntricas, mis emociones bastante más al límite, y mi lengua un poco menos llena de gracia.

¿ESTÁ BIEN EXPERIMENTAR LUCHA?

¿Alguna vez en un servicio de la iglesia en el que se le pidió a la gente que buscara un cierto libro de las Escrituras, tú no pudiste hacerlo porque no te acordabas en qué lugar de la Biblia se encontraba ese libro? ¡Y vaya que hacen ruido las páginas de la Biblia cuando las pasas!

Tú comienzas a transpirar cuando alguien cerca de ti abre su Biblia justo en el pasaje indicado. Sientes que de pronto todas las miradas caen sobre ti por el ruido de las hojas. ¡El cielo no permita que tengas que ir al índice en busca del número de página! Te hundes bajo el enorme peso de las miradas condenatorias.

La realidad es que algunos de esos que tan fácilmente acceden al texto solicitado están allí sentados con sus Biblia abiertas en otro lugar, simulando haber encontrado el pasaje. Y, si tienen suerte, como los demás están muy ocupados con la Palabra de Dios no lo notan. Así que relájate hermana, ve al índice que no es vergüenza hacerlo.

Tampoco es vergonzoso admitir ante Dios que luchas por lograr llevar adelante un tiempo devocional con él. No estás sola. Cuando les pregunté a las mujeres en mi blog acerca de su tiempo devocional, sus comentarios confirmaron de manera abrumadora que esta es un área en la que la mayoría de nosotras debemos mejorar, aunque a menudo no sabemos cómo hacerlo. Escucha algunos de esos comentarios:

> **Anónimo**: ¿Si alguna vez luché con mi tiempo a solas con Dios? Sí, sí, sí. Soy una cristiana nacida de nuevo desde hace trece años. Me encantaría decir que he logrado tener un tiempo tranquilo con Dios cada día, pero ese no es mi caso.
>
> **Kelli**: Sí, definitivamente lucho con el sentimiento de que el devocional es una obligación en vez de un deseo, pero aun así considero muy importante pasar ese tiempo a solas con Dios diariamente. A veces los sentimientos simplemente no están allí, pero aun así necesito obedecer y hacerlo. No

siempre me siento embargada por el enamoramiento con respecto a mi esposo, pero me comprometo a amarlo y actuar con respeto. Lo mismo sucede con los niños y con tantas otras cosas en la vida. No se trata de sentimientos, se trata de tomar la decisión de amar.

Carol: Creo que he luchado por llevar adelante un tiempo tranquilo con Dios en un momento u otro. Así como tenemos altibajos en nuestra vida, también los tenemos en nuestro tiempo con el Señor. Durante los tiempos «bajos» a veces siento que es una obligación.

---

*Tampoco es vergonzoso admitir ante Dios
que luchas por lograr llevar adelante
un tiempo devocional con él. No estás sola.*

Aquellas mujeres confesaron que se sentían pobremente capacitadas e intimidadas en cuanto a estudiar la Palabra de Dios por su propia cuenta. Y lo que resulta más alarmante aún, admitieron que consideraban su tiempo con Dios como algo rutinario que hacían por hábito en vez de una forma en la que Dios les hablaba, las ayudaba y equipaba para una vida más significativa.

Entonces, ¿cómo hacemos para despegar en esta área? Al principio, cuando empecé con mis tiempos devocionales, siempre tenía a mano un libro devocional, mi Biblia y un cuaderno o anotador. Leía un pasaje o capítulo del libro y buscaba los versículos que se correspondían con él. Si el Señor realmente me hablaba ese día, lo escribía también. A medida que el tiempo fue pasando, poco a poco dejé de utilizar los libros y descubrí que no los necesitaba tanto para desarrollar mi tiempo a solas, porque en vez de eso sentía ansias de la Palabra. Ahora mismo leo de uno a tres capítulos de algún libro de la Biblia que esté estudiando y remarco los versículos que realmente me hablan. A veces incluso escribo un versículo en una tarjeta de 3 x 5 cm. y la llevo conmigo el resto del día. Quizás este método funcione también para ti, o tal vez encuentres otro igualmente útil.

Ah, ¡cómo desestimamos el poder que está disponible para nosotros cuando pasamos tiempo con Dios! Nuestros ojos terrenales son limitados porque no nos permiten ver lo que sucede en el plano celestial. Cada día se libra una batalla por nuestra atención y devoción. Nada le encanta más a Satanás que mantenernos separadas del poder que Dios nos concede durante nuestro tiempo con él. Es momento de dejar de sentirnos culpables y mal entrenadas y comenzar a abrazar el increíble privilegio de encontrarnos con Jesús cada día.

Recuerda: Los devocionales no tienen que ser perfectos para resultar poderosos y eficaces. Jesús solo espera que tengas un alma dispuesta a acercarte a él, que verbalices el deseo de buscarlo y reconozcas tu necesidad de él. Entonces te mostrará cómo hacer de tus devocionales exactamente lo que necesitas.

HABLANDO EN TÉRMINOS PRÁCTICOS, ¿CÓMO LO HAGO?

¿Recuerdas mi episodio con el colchón al principio de este capítulo? Bueno, yo sabía que necesitaba que Dios cambiara mi perspectiva sobre esa situación. Así que, antes de mi estudio bíblico del día siguiente, le pedía a Dios que me guiara al texto bíblico adecuado para estudiar en ese momento. La mayoría de los días antes de comenzar mi tiempo con el Señor hago esa sencilla oración que mencioné en el capítulo uno, que coloca mi corazón en el lugar correcto con respecto a Dios.

Dios, quiero verte. Dios, quiero oírte.
Dios, quiero conocerte. Todo eso para poder seguirte.

Esa oración no constituye una fórmula mágica, tan solo son cuatro declaraciones breves que expresan a la perfección mi deseo de experimentar a Dios a lo largo del día. Quiero verlo obrar en mí, alrededor de mí y a través de mí. Quiero oír su voz con tanta claridad que no dude cuando él requiera de mí obediencia. Quiero conocerlo, no solo tener datos acerca de él, sino conocerlo de veras, de una manera personal e íntima. Y por último, quiero seguirlo, ser la mujer que él quiere que sea en cada circunstancia de mi día.

Resulta increíble que cuando verbalizo el deseo de mi corazón de esta forma, algo dentro de mí cambia y me siento preparada para encontrarme con la Palabra de Dios de una manera fresca. No solo quiero leer y orar para tachar esa tarea de mi lista de cosas por hacer. Veo ese tiempo, en cambio, como una preparación para la gran aventura que Dios y yo estamos a punto de comenzar en las horas por venir. Esto implica cambiar la manera en que considero el tiempo de oración. Implica pasar de sentirme seca a sentirme encendida e inspirada.

Yo me encontraba en medio de esa terrible situación con el colchón, deseando desesperadamente que Dios reacomodara mi visión. Lo sentía como un dolor sin sentido en el cuello. (¿Te ha ocurrido alguna vez?).

Le pedí al Señor que me saliera al encuentro rápidamente e interrumpiera mi respuesta natural y carnal antes de que se produjera un cortocircuito. Ni siquiera sé bien lo que produce un cortocircuito, pero estoy bastante segura de que no es bueno estallar.

Entre dientes murmuré una oración simple: «*Dame ánimo, Señor, por favor*».

Cuando abrí la Biblia, me dirigí al libro de los Salmos. Ese es un gran lugar por el que comenzar cuando uno siente la necesidad de derramar sus más sinceros sentimientos delante de Dios. Pasé unas cuantas páginas antes de aterrizar en un versículo que es un tesoro: «Enséñame, oh SEÑOR, tu camino; andaré en tu verdad; unifica mi corazón para que tema tu nombre» (Salmo 86:11, LBLA).

Continué con mi oración. *Señor, te doy gracias por este versículo. Es verdad, yo deseo un corazón íntegro. Me encanta esa parte del versículo. Mi corazón a veces está muy dividido, tensionado y presionado en miles de direcciones. Gracias por este recordatorio. Además, ¿podrías colocar algo más en mi camino hoy que constituya una fuente práctica de aliento? Eso también sería bueno.*

En el instante en que terminé de orar, mis ojos se posaron sobre la primera parte del versículo. «Enséñame, oh SEÑOR, tu camino; andaré en tu verdad». Me había emocionado tanto por el tema del corazón unificado que había pasado por alto la primera parte.

La frase «enséñame tu camino» no se me iba de la mente. Aquellas tres palabras me recorrían la cabeza. Algo así como cuando uno escucha una canción y se le queda pegada y, le guste o no, sigue cantándola, tarareándola y tamborileando con los dedos sobre la mesa todo el día.

Finalmente, me di cuenta de que esas palabras eran el aliento que Dios me daba en respuesta a mi pedido.

Deseaba poder apreciar aquello, pero, para ser sincera, tenía otra cosa en mente. No sé… algo como quizás recibir una llamada de una tal señora Beth, que enseña en los estudios bíblicos, diciendo que quería salir a tomar un café conmigo. O quizás que un tipo llamado Ty de pronto apareciera en mi zaguán ofreciéndome pagar la cuenta de una renovación completa de mi casa. Tú sabes, nada terriblemente grande.

En lugar de esto, estaba allí, tomando a sorbos mi café con leche doble, con solo tres palabras: «Enséñame tu camino».

Tomé mi Biblia nuevamente y releí el versículo dentro del contexto solo para ver si podía entender lo que Dios trataba de enseñarme.

Finalmente percibí algo detrás de esas tres palabras.

Hay muchas maneras en que puedo elegir reaccionar cuando las cosas suceden cada día. Puedo escoger este camino: «Tengo derecho a sentirme frustrada». Puedo elegir el camino: «¿Es que nadie me escucha aquí?». Puedo elegir el camino de «¿Sabes cómo me hace sentir esto?»

O puedo elegir dejar que Dios me enseñe su camino.

Mi camino lleva a toda clase de sentimientos descontrolados que me alejan de la verdad y me arrojan a un pozo de absoluta locura.

Su camino me lleva a encontrar serenamente una solución sin tanto enojo y frustración. Su camino me guía a ser capaz de extender gracia a otros, la misma gracia que tan desesperadamente necesito yo misma. Y su camino me conduce a la verdad.

La verdad es que resulta una situación desgraciada tener un colchón como decoración exterior. Y fue un espanto que la situación no pudiera resolverse justo a tiempo para la visita de mi hermana. Pero, ¿por qué juntar esas dos calamidades y empeorarlas más agregando emociones frustrantes?

Puedo decir con sinceridad que aprender más de sus caminos y caminar en su verdad a pesar de mis sentimientos fue un gran regalo que me levantó el ánimo. No podía creer la manera en que su verdad fluyendo a través de mi cuerpo calmó mi pulso acelerado. Y me sentía mucho más animada porque no tenía que lidiar con todo lo que venía después de perder la calma. Dios es bueno.

Luego me encontré riéndome con una amiga con respecto a toda la situación. Ella me preguntó si yo había considerado escribir esa historia en este libro. Le dije que no… que podría haber muchos capítulos que comenzaran con alguna anécdota cotidiana sobre algo que me llevó al borde del colapso, solo para que Jesús me hablara y me enseñara algo nuevo en el proceso.

Ella se rió otra vez. «Lysa, ¿no es eso lo que la mayoría de nosotras vivimos? ¿Y no es ese el punto de tu libro?».

Bueno, sí lo es. Aplicar las verdades de Dios a la vida diaria me ha hecho pasar de cantar los blues melancólicos del tiempo devocional a alguna otra clase de alabanza con más onda, a pesar de mis circunstancias tipo rock and roll.

¿Estás lista para profundizar tu conexión con Dios? Recuerda que no perseguimos como meta el cumplir a la perfección nuestra rutina de pasar un tiempo a solas con Dios. ¡Por favor! ¡Ya tenemos demasiadas cosas que nos presionan! No, hablo de considerar nuestro tiempo con Dios como los minutos más preciosos y valiosos del día.

Así que comienza poco a poco, si así lo prefieres. Solo cinco o diez minutos. Y si ya has separado ese tiempo cada día, pero aún lo sientes vacío y carente del poder que describí, pasa los próximos días orando a Dios por una renovación de la visión de tu tiempo con él. Pídele poder. Confiesa tu falta de motivación y tu lucha con la distracción.

Y aquellas que ya están teniendo éxito en esta área ahora mismo, ¿podrían dedicar algo de tiempo a orar por las que estamos luchando todavía?

Queridas amigas, mi mayor deseo sería guiarlas a lograr una relación con Jesús que las llene de significado, que les cambie la vida y reacomode sus perspectivas. Si este capítulo ha logrado algo de eso, ¡mis oraciones por este libro ya han sido respondidas!

CAPÍTULO 6

INSÓLITAS LECCIONES OFRECIDAS POR UNA PIÑA

Tengo una de esas relaciones de amor y odio con todo lo culinario. ¿Recuerdas el trágico desenlace de mi gran aventura de vender accesorios de cocina? Sí, estoy de acuerdo, mejor no lo recordemos.

El asunto es que soy una persona creativa y me encanta comer. Así que uno podría pensar que la cocina sería un lugar perfecto para mí. No obstante, hay demasiada presión allí. Me gusta solo cuando me inunda el espíritu creativo, y eso sucede cada dos o tres días. ¡Pero las personas con las que vivo comen dos o tres veces *por día*!

Y luego está ese asunto de los productos envasados en contraposición a la comida fresca. Yo puedo ir al mercado, comprar toda clase de panes, comidas frescas y cosas verdes, pero para cuando acabo de poner todas esas cosas en el canasto, mis células cerebrales ya están agotadas. Y hasta que vuelvo a motivarme como para hacer algo con todos esos insumos, la mitad de ellos está podrida. Entonces me siento culpable y recurro a los productos envasados, esos a los que solo es necesario agregarles agua.

Uno se da cuenta de que eso es malo cuando la falta de cultura culinaria comienza a afectar la manera en que los niños conciben la cocina. El otro día, mi hija de nueve años fingía ser la próxima Rachel Ray mientras simulaba preparar unas medialunas frente a una imaginaria audiencia televisiva.

Primero le indicó a la audiencia que buscara todos los ingredientes, precalentara el horno y derritiera algo de manteca en el microondas. Luego tomó un triángulo de masa de medialuna de un tubo de cartón y les dijo a los televidentes que había que huntar una parte con mantequilla y espolvorearla con canela y azúcar. «Luego toman un malvaviscos y lo sostienen levantado. Miran por todos lados y se aseguran de que no tenga moho. Entonces envuelven la medialuna alrededor del malvavisco».

¿Perdón? ¿Mi hija acababa de dar instrucciones a los supuestos miles que miraban su show señalando que había que observar que los malvaviscos de mi cocina no tuvieran *moho*?

Ahora bien, a menos que pienses que soy totalmente inepta en la cocina, te diré que he arreglado para preparar unos pocos platos de los que estoy muy orgullosa. No orgullosa en el sentido de una jactancia, sino orgullosa por el alivio de tener alguna evidencia de que puedo blandir un utensilio de cocina o dos y lograr algún resultado positivo. Esa será mi prueba si alguno de mis hijos algún día decide llevar el asunto de los malvaviscos enmohecidos al sillón del terapeuta.

Considera, por ejemplo, la piña. Me encanta la piña recién cortada. Me fascina el modo en que sabe. Me parece magnífico que no tenga calorías. Y me gusta que pueda servirse en cualquier comida (desayuno, almuerzo o cena) como una guarnición saludable y perfecta.

El problema con las piñas frescas es que son un poquito complicadas en su forma original. Sostener una piña fresca y mirarla con deseo puede ser un tanto frustrante, especialmente cuando no tienes la menor idea de por dónde cortar para abrirla. Así fue como por años pasaba al lado de las piñas frescas en la verdulería, suspiraba y me dirigía a la góndola que exhibía variedades de frutas y vegetales menos frescos. La versión enlatada estaba bien cuando era necesario, pero sinceramente no se comparaba con la fruta fresca. Simplemente se burlaba de mis papilas gustativas sabiendo que existían mejores posibilidades.

Entonces un día una amiga vino a visitarme y me preguntó si me gustaría comer algún refrigerio. Hice una exclamación cuando ella sacó una piña de verdad. Con destreza volteó la fruta de costado y cortó las partes superior e inferior. Luego la enderezó para arriba y procedió a cortar gajos de cada lado, dejando solo el centro. Después peló la cáscara exterior, cortó la fruta en cubos pequeños, y me entregó un bol lleno.

Yo estaba sorprendida. ¿Eso es todo? ¿No hay ninguna otra cosa? ¿Estás insinuando que por años me perdí de las bondades de las piñas frescas solo porque no sabía cómo hacer *eso*?

Conduje directo hasta el almacén, marché con confianza hacia la sección de productos alimenticios y tomé una piña para mí. Hubiera querido conversar con las personas que se hallaban en esa sección. «¿Ven lo que llevo en mi carrito? Muy bien, es una piña fresca. Uh, me encanta cortar esas frutas silvestres en pedacitos, ¿a usted también?». El poder que tiene una pequeña lección sobre cómo hacer las cosas puede obrar maravillas.

EL PRINCIPIO DE LA PIÑA

Durante años tuve con respecto al estudio de la Biblia el mismo enfoque que tenía acerca de la piña. Miraba la verdad bíblica desde lejos. No me sentía equipada para abrir las Escrituras e intentar estudiarla por mi cuenta. En vez de leer la verdad fresca por mí misma, solo leía libros que hablaban *sobre* la Biblia. Tal como sucedía con las piñas en lata, mi experiencia en cuanto a aprender la verdad de Dios se burlaba de mí, pues sabía que existían mejores posibilidades. Pero dado que no tenía idea de cómo tomarla en mis manos, evitaba la Biblia y me conformaba con lo que podía recoger de otras personas.

Eso fue hasta que asistí a un estudio bíblico en el que la maestra nos dio un ejemplo sobre cómo abrir la Biblia y estudiarla por nosotros mismos. Cada semana yo la observaba sumergirse en las Escrituras con una pasión y un hambre por la verdad que nunca antes había visto. La manera en que colocaba los versículos dentro de contexto y encontraba el significado del texto original me asombraba. Poco a poco fui tomando la decisión de intentarlo por mí misma.

Mucho de lo que aprendí al empezar a abrir la Biblia por mí misma ya lo he mencionado en los dos capítulos anteriores. Hemos hablado acerca de la importancia de averiguar sobre el autor y el contexto de los libros de la Biblia, y sobre la forma de dividir los versículos en frases para desenterrar su rico significado. También aprendimos acerca del proceso por el que podemos descubrir la provisión de Dios para nosotros durante el tiempo devocional. Ahora quiero concentrarme en la aplicación a la vida diaria.

Después de todo, ¿no nos sumergimos en la Palabra de Dios para que ella se introduzca dentro de nosotros? ¿Para que pueda interrumpirnos, cambiarnos, satisfacernos? Qué triste es que solo nos conformemos con obtener datos sobre la Biblia cuando ella ha sido pensada para algo mucho más grande.

Convertirnos en algo más que en «buenas cristianas» implica ir tras la verdad de Dios con tanta pasión que realmente se vuelva parte de nuestra naturaleza. El apóstol Santiago escribe: «Por esto, despójense de toda inmundicia y de la maldad que tanto abunda, para que puedan recibir con humildad la palabra sembrada en ustedes, la cual tiene poder para salvarles la vida. No se contenten sólo con escuchar la palabra, pues así se engañan ustedes mismos. Llévenla a la práctica» (Santiago 1:21-22).

Cuanto más desarrollamos el hábito de aplicar la Palabra de Dios a nuestras vidas, más esta se convierte en parte de nuestra naturaleza, de nuestra forma natural de actuar y reaccionar. Conocer la Palabra de Dios y practicar lo que dice no solo nos salva de muchos dolores y problemas, sino que además brinda más satisfacción a nuestra alma que cualquier otra cosa. Piensa en ello tan solo por un minuto. ¿No es seguridad y satisfacción lo que buscan muchas personas y dedican a ello cada minuto consciente de su vida? Con todo, las respuestas que les da el mundo son fachadas temporales que desilusionan siempre. No algunas veces, sino todas.

La única instrucción probada a través de los tiempos e infalible para satisfacer las necesidades básicas de nuestra alma se encuentra en la Biblia. Pero se trata de un proceso que consta de dos partes: no solo debemos leer la Biblia, sino también desarrollar el hábito de vivir su mensaje en nuestras vidas diarias.

Si la gente alguna vez dice que Jesús y las verdades bíblicas no dan resultado, enseguida les pregunto si han aplicado de manera consistente lo que leyeron.
Las personas fallan; la verdad nunca falla.

Una de las maneras más emocionantes de pasar de la teoría a la aplicación en la vida diaria es considerar detenidamente las historias de vida de los hombres y mujeres que hemos visto caminar a través de sus páginas. Así que podemos tomar, por ejemplo, un personaje bíblico que vivió la verdad de manera exitosa, descubrir la diferencia que eso marcó en su vida, y ser inspirados a vivir lo mismo a partir de ese relato.

DAVID Y GOLIAT: LA HISTORIA DETRÁS DE LA HISTORIA

La historia de David y Goliat ha sido el orgullo y la alegría de las lecciones en franelógrafo de la escuela dominical durante años. Es la clásica historia del tipo pequeñito frente al grandote, y contra todos los pronósticos, el más desvalido obtiene una victoria gloriosa.

Si creciste en una Escuela Dominical o conoces lo básico del relato, puedes sentirte tentada a pasar algunas cosas por alto. Sin embargo, alrededor de esa historia tan conocida existen algunos detalles que a menudo desestimamos, pero que son muy significativos y dignos de que nos detengamos en ellos. Desempolvar esos detalles ha cambiado profundamente la forma en que veo las tareas comunes y corrientes que realizo en muchos de mis días comunes y corrientes.

Para entender mejor cómo se desarrolla la historia de David en 1 Samuel 17, es una buena idea ir un poco más atrás y leer primero el capítulo 16. Allí aprendemos que el rey Saúl no agradaba a Dios; había sido obediente, pero hasta cierto punto. De hecho, Saúl estaba mucho más preocupado por agradar al pueblo que a Dios. Como resultado, Dios finalmente le reveló al profeta Samuel que debía ungir a un nuevo rey para tomar el lugar de Saúl.

Dios también le reveló a Samuel que el futuro rey de Israel vendría de la casa de Isaí, de modo que Samuel le dijo a Isaí que reuniera a todos sus hijos. Cuando ellos llegaron, Samuel de inmediato se enfocó en el hijo mayor, un joven de hermoso aspecto. Probablemente lucía como un rey, olía como un rey y, siendo el mayor, estaba bien posicionado como para ser rey. Pero el Señor le dijo a Samuel: «No te dejes impresionar por su apariencia ni por su estatura, pues yo lo he rechazado. La gente se fija en las apariencias, pero yo me fijo en el corazón» (1 Samuel 16:7). Ahora bien, este solo versículo podría predicarme y enseñarme por días enteros y conducirme a una seria introspección de mi propio corazón. Podría buscar la palabra «corazón» en biblegateway.com[3] y dedicar tiempo a leer los muchísimos versículos que se refieren a la importancia de guardar el corazón y permitir que Dios reine allí.

Es hermoso estudiar una historia mientras al mismo tiempo uno examina su propio carácter. Permitir que las características de los personajes bíblicos nos despierten a un pensamiento introspectivo profundizará nuestro estudio y hará que lo que aprendemos sea más aplicable a nuestras vida.

Dios evidentemente toma la condición espiritual del corazón muy en serio. Ese era un requisito de suma importancia cuando Dios estaba mirando para escoger un futuro rey. Y como él no cambia, podemos discernir que la condición del corazón de alguien es todavía la prioridad número uno para Dios en la actualidad.

¿Has estado anhelando por un largo tiempo que algo sucediera en tu vida? ¿Alguna vez le has hecho al Señor la pregunta: «Dios, ¿qué quieres de mí?»? La respuesta a una pregunta así se relaciona mucho con nuestro carácter, que precisa desarrollarse para estar a la altura de nuestro llamado.

En esta historia, Samuel pasó por alto a todos los hijos de Isaí que desfilaron uno a uno delante de él. Ninguno fue escogido como futuro rey de Israel. Samuel entonces le preguntó a Isaí si tenía otros hijos. Él respondió: «Queda el más pequeño, pero está cuidando el rebaño» (1 Samuel 16:11).

¿No es extraño que Isaí no trajera a todos sus hijos desde el principio? Él había recibido instrucciones de traer a todos sus hijos ante Samuel, pero por alguna razón no había considerado a David.

Cada vez que algo parece fuera de lugar o no demasiado normal en las Escrituras, es sabio detenernos y preguntar *por qué*. Algunos de mis pensamientos espirituales más agudos han surgido como resultado de hacer esto.

¿Por qué no habían incluido a David? Con seguridad no era meramente por razones logísticas. Debe haber habido algún siervo que podría haberse hecho cargo temporalmente de las ovejas en lugar de David. Quiero decir, ¡piensa en la magnitud de esta oportunidad! Imagina si el Congreso de la Nación te llamara hoy y te informara que elegiría el próximo presidente de los Estados Unidos de entre tus hijos. Les dirías a ellos que ese día no concurrieran al entrenamiento de fútbol. Les pedirías que encontraran un compañero que supliera su guardia en el trabajo extraescolar. Les permitirías faltar a su clase de bordado en punto cruz. Nada te impediría cerciorarte de que todos estuvieran allí, bien emperifollados, en fila y listos para la inspección.

El hecho de que no se hubiera citado a David para presentarlo ante Samuel nos proporciona una evidencia crucial de la posición que ocupaba en la familia. Todos lo ignoraban. Todos lo ignoraban, pero Dios lo escogió. Repito, este solo detalle podría constituir todo un estudio en sí mismo. El solo entender este hecho acerca de David podría cambiar positivamente la visión que una persona tiene sobre la vida. ¿Cuántas de nosotras hemos permitido que la posibilidad de que Dios nos usara en la vida se empañara por la herida de haber sido pasadas por alto por los demás?

Haber sido ignoradas y rechazadas por las personas no implica que Dios nos ignore y nos rechace. A menudo significa exactamente lo contrario. Considera estas palabras del apóstol Pablo: «Por eso me regocijo en debilidades, insultos, privaciones, persecuciones y dificultades que sufro por Cristo; porque cuando soy débil, entonces soy fuerte» (2 Corintios 12:10). La historia de David constituye una bella ilustración de esta verdad. Eso me anima cuando me siento débil, cuando me insultan, cuando enfrento tribulaciones, cuando me persiguen o me hallo en un lugar difícil. Por causa de Cristo puedo deleitarme en el hecho de que las cosas que me hacen sentir débil solo sirven para hacerme una persona más fuerte y capaz.

Haber sido ignoradas y rechazadas por las personas
no implica que Dios nos ignore y nos rechace.
A menudo significa exactamente lo contrario.

Tan pronto como David vino del prado, Dios le confirmó a Samuel que él sería el futuro rey. No se veía como un rey, no estaba posicionado para serlo y ciertamente no olía como tal, pero algo en su corazón hizo que fuera el elegido. Una vez ungido, «el Espíritu del SEÑOR vino con poder sobre David» (1 Samuel 16:13). Dios eligió a David y lo fortalecería y entrenaría también.

¿Dónde planeó Dios que el entrenamiento tuviera lugar? Seguramente David sería enviado al centro de entrenamiento más exclusivo de Israel. ¿Quizás al campus de Harvard de Jerusalén? ¿O a la academia de liderazgo de Sinaí? ¿Tal vez a un curso rápido de ciencias políticas y estrategias de defensa nacional? Al seguir leyendo el texto me impaciento por averiguar a dónde sería enviado David luego.

Admito que me desilusioné un poquito cuando supe que lo habían enviado de nuevo a las montañas a cuidar a sus ovejas. David aún tenía el aceite de la unción real chorreando por la frente, cuando se vio otra vez en los campos de las cosas comunes del diario vivir. David podría haber pensado: *Yo creí que había sido escogido para guiar personas, no ovejas. Imaginé que iba directo a un trono dorado, pero aquí estoy, recostado sobre el pasto verde.*

¡Es difícil mantenerse en un lugar donde solo se espera! La espera a veces consume a una persona con preguntas, deseos y preocupaciones. Aunque a David le habían dicho que sería el próximo rey, Dios no permitió que asumiera el trono enseguida. Así que imagino que su tentación debe haber sido cuestionar los tiempos de Dios, querer que él apresurara las cosas un poco y preocuparse pensando que quizás Dios se había olvidado de él.

Las preguntas, los deseos y las preocupaciones son las cosas con las que lucho cuando me encuentro en un tiempo de espera. Aprender de David a sobrellevar ese período de espera me ayuda a tener una perspectiva más paciente durante mis propios tiempos de espera.

En la historia de David, veo que el período de espera de Dios sirve a propósitos increíbles; el mayor de ellos fue la preparación de David mismo. Y nada en las Escrituras, ni aquí en 1 Samuel ni en ninguna otra parte, indica que David estuviera molesto por la demora.

De hecho, uno de los salmos de David que más apreciamos, el 23, comienza así: «El SEÑOR es mi pastor, nada me falta». Aunque los eruditos de la Biblia debaten acerca de cuándo escribió David el Salmo 23 (si lo hizo siendo joven o viejo); yo creo que brinda una hermosa imagen de lo que debe haber sido su perspectiva durante aquel tiempo de espera.

Él no cuestionaba ni se resistía por el hecho de que Dios lo hubiera puesto en el lugar más inverosímil para un rey ungido. No permitió que su mente se descarriara tras la duda y la inseguridad. Simplemente aceptó que Dios lo había llevado al lugar en el que se suponía que debía estar, el lugar perfecto en ese momento. ¡Vaya, eso me resulta difícil algunas veces! Me encuentro de pronto queriendo apurar las cosas, deseando pasar por los tiempos de espera lo más rápido posible. A veces olvido que Dios está haciendo cosas importantes alrededor de mí aun mientras espero. ¡Fue bueno hacer un estudio sobre este personaje, porque me ha recordado todo esto!

Aunque David pueda haber escrito el Salmo 23 a raíz de una experiencia de cuestionamientos, deseos o preocupación, él reconoció al Señor como su pastor. Así como David tenía siempre en mente el bienestar de sus ovejas, también confiaba en que Dios actuaba del mismo modo. Expresó su comprensión del propósito de Dios para este período de espera al escribir: «En verdes pastos me hace descansar [reposo]. Junto a tranquilas aguas me conduce [reflexión]; me infunde nuevas fuerzas (restauración). Me guía por sendas de justicia [elecciones correctas] por amor a su nombre [¡todo tiene que ver con Dios y no con David!]» (Salmo 23:2-3).

David decidió resistir la tentación del descontento considerando el beneficio superior que le aportaba ese período de espera. Descansar, reflexionar, ser restaurados, aprender a tomar buenas decisiones y recordar que todo tiene que ver con Dios y no con nosotros mismos son maneras positivas de canalizar cualquier inquietud que nos salga al encuentro durante el próximo período de espera.

DAVID Y GOLIAT: EL GIGANTE CAE

Además de pastorear sus ovejas, la preparación de David también incluía servir al rey y a su propio padre, Isaí. Cuando el rey Saúl se sentía ansioso y atormentado, lo único que lo reconfortaba era la música balsámica de David. Y David también servía a su padre haciendo mandados: entregando comida y recados a sus hermanos que estaban en el frente de batalla.

¡Espera un momento! El entrenamiento de David por cierto suena bastante parecido a mi vida cotidiana: atender a los demás, servir, hacer trámites. De repente, la historia de David se acerca bastante a mi hogar. Admito que en ciertas épocas he luchado contra la falta de propósito de mis ocupaciones, servicio y responsabilidades. Amo a mi familia, pero la larga lista de cosas para hacer que incluye el llevar adelante a una familia puede dejar a una mujer joven con la sensación de haber sido usada y hacerla sentir agotada. No obstante, si logro ver un bien mayor en estas actividades, ellas cobran un nuevo significado. Así como en el caso de David, Dios puede usar las tareas de la vida diaria para desarrollar mi carácter al punto de que esté a la altura de mi llamado. Y eso le agrega una dimensión completamente nueva a todas las ocupaciones, al servicio y a los trámites, ¿no es cierto?

Uno de los mandados de David lo llevó a la línea de batalla para entregarles vino y pan a sus hermanos. Solo que allí no había demasiada batalla. Con los israelitas atrincherados en una colina y sus enemigos los filisteos acampando al otro lado del valle en otra colina, todo se había paralizado. Ninguno de los ejércitos quería ser el primero en bajar al valle e intentar tomar la colina de su oponente. Eso constituiría un boleto de primera clase hacia una masacre.

Los filisteos elaboraron un plan alternativo. Enviaron a Goliat, su guerrero más poderoso y de mayor tamaño, al valle a insultar a los israelitas y desafiarlos a mandar a su mejor guerrero a pelear contra él cuerpo a cuerpo; el que ganara la batalla declararía la victoria de todo su ejército. Pero cuando los israelitas vieron el tamaño de Goliat, quedaron aterrados y nadie se atrevió a hacerle frente al desafío.

Nadie, es decir, nadie hasta que David se enteró. Y él preguntó: «¿Quién se cree este filisteo pagano, que se atreve a desafiar al ejército del Dios viviente?» (1 Samuel 17:26). Al principio sus hermanos se burlaron de él pero pronto corrió la noticia por todo el campamento israelita de que un hombre de entre los hebreos estaba dispuesto a enfrentar a Goliat. Cuando las nuevas llegaron al rey Saúl, mandó a que lo trajeran a su tienda.

Imaginemos la decepción de Saúl al ver al pastorcito cuya suave música solía calmarlo. Inmediatamente expresó dudas acerca de las habilidades del joven, pero David estableció sus calificaciones refiriéndose al entrenamiento que había tenido en los campos de la vida cotidiana:

> David le respondió:
> —A mí me toca cuidar el rebaño de mi padre. Cuando un león o un oso viene y se lleva una oveja del rebaño, yo lo persigo y lo golpeo hasta que suelta la presa. Y si el animal me ataca, lo sigo golpeando hasta matarlo. Si este siervo de Su Majestad ha matado leones y osos, lo mismo puede hacer con ese filisteo pagano, porque está desafiando al ejército del Dios viviente. El SEÑOR, que me libró de las garras del león y del oso, también me librará del poder de ese filisteo.
> —Anda, pues —dijo Saúl—, y que el SEÑOR te acompañe.
> (1 Samuel 17:34-37)

De hecho, en los campos de la vida diaria el carácter de David fue moldeado para que concordara con su llamado. Todo el ocuparse, servir y hacer mandados no constituyó una pérdida de tiempo; por cierto, fue el mejor uso que pudo hacer de su tiempo. En ese entorno adquirió David la valentía que muy pronto iba a necesitar para vencer a Goliat.

Con nada más que una simple honda y cinco piedras, David enfrentó al gigante. Solo que ya no era un muchacho pastor de ovejas, sino un rey ungido operando en el poder de Dios.

> *David le contestó:*
> *—Tú vienes contra mí con espada, lanza y jabalina, pero yo vengo a ti en el nombre del Señor Todopoderoso, el Dios de los ejércitos de Israel, a los que has desafiado. Hoy mismo el Señor te entregará en mis manos; y yo te mataré y te cortaré la cabeza. Hoy mismo echaré los cadáveres del ejército filisteo a las aves del cielo y a las fieras del campo, y todo el mundo sabrá que hay un Dios en Israel. Todos los que están aquí reconocerán que el Señor salva sin necesidad de espada ni de lanza. La batalla es del Señor, y él los entregará a ustedes en nuestras manos.*
> (1 Samuel 17:45-47)

El pasaje continúa describiendo cómo el joven corrió rápidamente hacia el gigante. Y no puedo sino pensar en que las palabras que un día se convertirían en el Salmo 23 atravesaban una vez más la mente de David: «Aun si voy por valles tenebrosos, no temo peligro alguno porque tú estás a mi lado; tu vara de pastor me reconforta» (Salmo 23:4).

Increíble. He leído el Salmo 23 muchas veces, pero nunca pensé que podía aplicarse a esta historia. David estaba en un valle. Un gigante le hacía sombra. Y aunque David debe haber sentido miedo, saber que Dios estaba con él lo hizo absolutamente intrépido para correr directo hacia el centro de su voluntad.

El clímax de esta historia es demasiado bueno como para que yo lo parafrasee, así que es tiempo de que sigas la historia de aquí en adelante. ¿Por qué no buscar 1 Samuel 17:48 y seguir leyéndola tú misma?

¿Puedes creer todo lo que hemos aprendido con solo leer una parte de la historia de David? Mejor aún, ¿te das cuenta de las distintas maneras en las que nuestro carácter puede perfeccionarse con solo aplicar los principios de la historia de David a nuestras vidas? Recuerda que hay muchos, muchísimos otros personajes bíblicos con los que puedes hacer lo mismo que hicimos aquí con David. Ponte en sus zapatos. Trata de sentir lo que ellos deben haber sentido. Establece conexiones entre sus luchas y las tuyas. ¿Qué hicieron bien? ¿Con qué cosas deshonraron al Señor? ¿Crecieron a raíz de sus experiencias? Si es así, ¿cómo? Si no, ¿por qué no? ¿Cuál es la mejor lección que puedes extraer para tu vida?

¿Y por qué no conseguir una piña fresca a la vez que te sumerges en la lectura? Cuando aplicamos el principio de la piña, descubrimos que hay ricas verdades y una visión renovada esperándonos, amiga. Nunca más te conformes con algo que sea una versión enlatada.

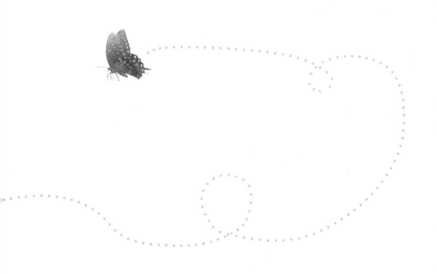

PARTE III

EN MIS RELACIONES

Hace varios años, por error, alguien incluyó mi dirección en un correo electrónico que se suponía que nunca debía ver. El tono áspero y las palabras amargas de la remitente me quitaron el aliento, revelaron cosas acerca del corazón de esa mujer que simplemente quebrantaron el mío. No podía creer lo que ella decía. Primero, sus palabras no eran ciertas. Segundo, si realmente le importaba mejorar la situación, tendría que haber venido a mí en vez de tejer una telaraña de mentiras, destrucción y dolor.

Esa era una mujer que amaba al Señor. Pero los mismos labios que alababan a Jesús, al día siguiente me maldecían a mí, una hermana en Cristo. En el fondo de toda la cuestión había un malentendido que una simple explicación hubiera aclarado.

Yo no fui ninguna santa en cuanto a esta situación tampoco. Si hubiera obrado con total seguridad en el amor de Dios, mi herida no habría sido tan profunda como resultó. Durante semanas me negué a perdonarla hasta que Dios quebrantó mi obstinada actitud.

Al final salió algo bueno de todo eso. Aprendí lo importante que era dejar que el amor de Dios, y no las opiniones de los demás, constituyera la verdad por la que me movía, y la otra mujer aprendió lo destructivas que pueden llegar a ser las palabras de envidia y enojo.

Esta sección sobre las relaciones tiene la intención de volvernos más conscientes de aquellas cosas que con mucha facilidad nos hacen tropezar. Las amistades deberían ser uno de nuestros mayores tesoros en nuestro andar con Jesús. Dios nos creó para vivir en comunidad con otros, para dar y recibir amor de una manera que capte la atención del mundo y conduzca a otros a él. ¿Por qué cambiar el plan tan grande y maravilloso de Dios por algo menor?

Convertirnos en algo más que «buenas cristianas» en nuestras relaciones significa procurar alcanzar las posibilidades más ricas y profundas que existen más allá de nuestras inseguridades, de los pensamientos inútiles y las palabras descuidadas. Sospecho que si te han lastimado en alguna relación, al igual que a la mayoría de nosotras, ¡estarás más que lista para procurar un cambio!

CAPÍTULO 7

ME QUIERE, NO ME QUIERE

Hubo un tiempo en mi niñez en el que era devota de cierto libro. Un libro con tapas de tela escocesa y grandes promesas. A menudo me encontraba hecha un ovillo dentro de mi edredón de Kmart, devorándome ese libro lleno de contenidos sobre moda, diversión y dichos novedosos. Era, por supuesto, *El manual oficial de la gente con onda.*

Después de leerlo, literalmente soñaba en colores rosa pastel y verde manzana.

Me hacía desear cambiar mi nombre por Buffy, vacacionar en el Hilton, vestir shorts a cuadros y zapatos bajos Pappagallo, ponerme una cinta en el cabello y usar frases como «me encanta» y «qué asco» a cada rato.

Algún día me casaría con un hombre llamado Ralph. Ralph Lauren para ser más precisa. El Ralph que montaba a caballo llevando un taco de polo. Sí, ese mismo.

Tendríamos tres niños, Biff, Skip y Muffy, que vivirían con nosotros hasta la tierna edad de tres años, momento en que los ahuyentaríamos, enviándolos como internos a una guardería privada en algún lugar de Nueva York. Pero como seguramente seríamos padres amorosos, haríamos que sus niñeras los trajeran el fin de semana hasta nuestro hogar estilo Tudor en las afueras de Hampton. Allí los educaríamos en las bellas artes de las camisas Izod, los vestidos de Lilly Pulitzer y las reglas apropiadas para jugar croquet en el jardín delantero.

Ahora bien, debo agregar algo aquí: si tu nombre es Buffy, Ralph, Biff, Skip o Muffy… si usas ropa marca Polo, Izod o Pulitzer… si juegas croquet y tienes niñeras y tus hijos están internados en un colegio… solo puedo decir que te envidio. Estás viviendo mi sueño infantil.

Bueno… regresando a mí, mis sueños y mi edredón Kmart.

El manual oficial de la gente con onda hablaba de cosas de las que… cómo decirlo… nuestra familia eligió simplemente no participar. En otras palabras, éramos pobres. Pero justo cuando yo tenía doce años, después del divorcio de mis padres, llegó la Navidad, y pareció traer una gloriosa promesa.

Mi padre me invitó a ir de compras con el increíble presupuesto de U$75. Era como si se tratara de $7.500, porque en mi mundo, una colección de tres billetes de veinte, uno de diez y cinco dólares más resultaba una riqueza que iba más allá de lo que mi imaginación rosa y verde me permitía entender.

Me levanté por la mañana ese día de compras y me puse la única prenda de lujo que tenía colgada en mi ropero, mi vestido jumper Calvin Klein. No importaba que no tuviera la camisa de cuello blanco Izod. Las hebillas de metal que conectaban las tiras del jumper eran el engaño perfecto para cubrir mi camisa sin el logo del cocodrilo.

Yo, mi jumper y el corazón entusiasmado de la adolescente que soñaba ser saltaron al asiento delantero del auto de papá y se dirigieron al centro comercial. Al grande. Al que tenía (aspira todo el aire de la habitación ahora) ¡una tienda Pappagallo! Ese que, gracias a Dios, acababa de recibir una nueva partida de cinturones con hebillas de piel de ballena, carteras con manijas de carey y tapas abotonadas.

¡Cómo palpitaba mi corazón! Me imaginé caminando por los pasillos de la escuela secundaria Raa viéndome como si acabara de salir de las páginas de la guía de estudiantes, y eso me dibujó una sonrisa lo suficientemente grande como para contener toda la ortodoncia. Era una visión de puro encanto y alegría.

Es decir, hasta que mi papá estacionó delante de Sears.

Traté de asegurarle a mi temblorosa persona que él debería necesitar algunas herramientas, llantas o toallas. Tomaríamos lo que él precisara y luego iríamos derechito a Pappagallo, donde yo había planeado cuidadosamente cómo gastar cada centavo de su promesa de $75.

Pero tan pronto como ingresamos, sacó su tarjeta de crédito de Sears y me dijo que la guardara. Adivinando que en Pappagallo no sería bienvenida con una tarjeta de Sears, todo lo que deseaba era llorar. Y lloré. Me senté en el frío suelo de linóleo y dejé que mis emociones siguieran su curso.

La pequeña tarjetita plástica desató una avalancha de algo más que lágrimas: De cada uno de los nombres burlones con que las chicas populares del colegio alguna vez me habían llamado. De cada comentario que mi papá alguna vez había hecho acerca de no querer tener hijos, especialmente niñas. De cada disfunción familiar que nosotros pretendíamos ver como normal. De cada uno de los días en que aquella niña de cabello crespo y aparatos de ortodoncia, que simplemente no estaba a la altura de las demás, me miraba desde el espejo. Todo eso había desatado un llanto incontrolable. Allí junto a las cajas de herramientas.

Mi papá guardó la tarjeta de crédito de Sears nuevamente en su billetera y nos informó a mí y a mi estallido emocional que nuestro paseo de compras navideño oficialmente había finalizado.

ME QUIERE, NO ME QUIERE

Ese día de compras navideñas nunca tuvo que ver con hebillas de piel de ballena o carteras con manijas de carey. Realmente, todo mi apego a *El manual oficial de la gente con onda* no se debía a mi afición por la moda, los avisos sobre las vacaciones, los nombres modernos o los dichos *novedosos*. Yo solo quería ser aceptada. Por alguien.

Hay una necesidad fundamental dentro de la mayoría de las chicas: la necesidad de gustarles a los demás.

Queremos que las otras personas del género femenino nos acepten y se vayan pensando que somos estupendas. Es como si lleváramos por todas partes una balanza en miniatura. De un lado ponemos nuestra gracia y del otro toda la torpeza.

Si ponemos a un grupo de mujeres en un cierto espacio para que se relacionen unas con otras por un rato, cuando se despiden, te garantizo que muchas salen deshojando la margarita: «Me quiere... no me quiere...».

Eso me remonta más fácilmente a mis días de secundaria, llenos de aparatos de ortodoncia, que la canción de Rick Springfield, «Jessie's Girl». La que, dicho sea de paso, yo quería ser. No tenía ni la más mínima idea de quién sería Jessie. Pensaba en Rick languideciendo por mí, deseando que yo fuera su... suspiro.

Esos fueron buenos tiempos de conciertos de rock con el cepillo como micrófono. Me subía a la cama, acallaba a la vasta audiencia de animales de peluche, y de repente mi cuarto color rosado como la goma de mascar se transformaba en el centro cívico de la ciudad. Y Rick estaba literalmente dentro de mi cuerpo, con aparatos y todo cantando una canción. Pero luego yo tenía que salir de mi cuarto rosa como la goma de mascar y transitar los pasillos verde arveja de la escuela secundaria Raa. Dejemos que el juego mental de deshojar flores comience.

Hablé demasiado. Qué torpe.

Pero le arranqué una risa a fulana de tal. Bastante lista.

Y esa fulana me invitó a su casa. Muy lista.

Sin embargo, mientras hablaba con ella escupí una miga de galleta. ¿Por qué tenía que ser justo delante de ella? Completamente torpe.

Y luego el beso de la muerte… Patty, la chica popular, hizo una fiesta y todos aquellos considerados como alguien fueron invitados. Yo no. Torpe de proporciones épicas.

Lo bueno es que todas hemos madurado desde esos días de secundaria. Hace mucho tiempo que pusimos la balanza de medir nuestras acciones como listas o torpes entre los manuales de la gente con onda y los álbumes de *Grease* y los metimos en alguna parte del ático.

¿No es verdad?

Los logros externos nunca se comparan
con la aceptación interna.

¿Entonces, por qué a veces me siento fluctuar entre la torpeza y la gracia en aquellos lugares en que hay mucha gente? Porque, de veras, todavía lucho algunas veces. ¿Me dejan contarles un secreto? Ningún logro mundano es capaz de acabar con las inseguridades y ese deseo fundamental de ser aceptadas. Lo sé. Lo he intentado.

Escribir algunos libros, hablar frente a muchas personas y alcanzar aquello que pensamos que nos haría sentir especiales no soluciona esa inseguridad interior que nos cala hasta los huesos. Los logros externos nunca se comparan con la aceptación interna.

Y no estoy sola en esto. Recientemente escribí en mi blog acerca de este tema y recibí una lluvia de comentarios como estos:

Kim: He experimentado todo lo que tú dices, y todavía lo siento. Pensé que iría mejorando a medida que creciera. Hace poco cumplí treinta y cinco años y todavía oscilo entre los sentimientos de ser una chica torpe y una chica lista. ¡Ay!

April: Mis ojos se humedecieron al leer tu nota hoy. Ah sí, amiga, yo he luchado con eso. Muchas veces cuando me enfrento con mis inseguridades cara a cara y me adentro en un terreno del tipo: «Si fuera más flaca, más linda, más segura de mí misma… ¿ella me aceptaría?», comparo a la mujer adulta de hoy con la adolescente y suspiro. A veces creo que no he cambiado demasiado.

Jackie: Has expresado con exactitud aquello con lo que lucho cuando estoy en medio de un grupo de mujeres. Nunca se lo dije a nadie porque estaba segura de que era la única que se sentía como una gran torpe. Pensaba que si hacía algo especial, o me convertía en *alguien*, esos sentimientos desaparecerían.

¿Te identificas con estos sentimientos de inseguridad? No sé si podemos quitárnoslos del todo. Y tal vez no se espera que lo hagamos. Si la presión que ellos ejercen nos acerca a Dios, lo único seguro que existe, entonces una dosis saludable de inseguridad puede no ser tan mala después de todo. Pero las inseguridades que nos distraen y paralizan algunas veces deben analizarse desde una perspectiva correcta. Como esas inseguridades parecen estar arraigadas en sentimientos de insuficiencia, consideremos una manera sana de hacer las paces con ese tipo de sentimientos.

HACER LAS PACES CON LA SENSACIÓN DE INEPTITUD

Si crecer y acumular logros no nos ayuda a reconciliarnos con nuestra sensación de ineptitud, ¿algo lo logrará? He descubierto un proceso de dos pasos que contribuye bastante: debo operar *en* el amor de Dios y operar *con* el amor de Dios.

PASO 1: OPERAR *EN* EL AMOR DE DIOS

Operar *en* el amor de Dios significa entender la manera en que su amor puede redefinir mi proceso natural de pensamiento. Usando la Palabra de Dios puedo llenar mis pensamientos de sus verdades para combatir las mentiras que se enredan alrededor de mis sentimientos. Por lo tanto, cuando me siento insegura puedo combatir ese sentimiento con una palabra de parte de Dios que me reasegure y me redefina.

Si quiero hacer las paces con la sensación de ineptitud, debo enfrentar las cosas que disparan esos sentimientos, dejar de mirar a los demás para que me validen y aprender a depender verdaderamente de Dios. Llamemos a las cosas por su nombre y digámoslo en voz alta:

A veces me siento insegura e incapaz. Ninguna persona o logro personal puede arreglar eso. Solo Dios puede ayudarme, darme seguridad y llenar mis vacíos.

Cuando me siento como una niña que deshoja la margarita mientras susurra: «Me quiere, no me quiere», tengo que elegir en mi mente hacer la flor a un lado. Mirar al cielo y decir: «Dios, tú no solo me quieres, sino que me amas… y con eso es suficiente». Como ves, he entrenado mi cerebro para que las verdades de Dios interrumpan mis patrones negativos de pensamiento.

Los sentimientos de inseguridad inmediatamente enviaban mi cerebro a deambular por los mismos surcos mentales en los que andaba en mi adolescencia, mirando en el espejo la imagen imperfecta de esa niña de cabello crespo. Pero he tapado esos huecos con el cemento permanente de las verdades del amor divino.

Incluyo aquí algunos de los versículos que he memorizado y a menudo cito como una manera de ayudarme a operar en el amor de Dios.

> *Olviden las cosas de antaño; ya no vivan en el pasado. ¡Voy a hacer algo nuevo! Ya está sucediendo, ¿no se dan cuenta?* (Isaías 43:18-19a)

Esta es la parte que he memorizado, pero el resto de ese versículo y algo del siguiente son tan buenos que estoy trabajando en ellos también:

> *Estoy abriendo un camino en el desierto, y ríos en lugares desolados [...] para dar de beber a mi pueblo escogido, al pueblo que formé para mí mismo, para que proclame mi alabanza.* (Isaías 43:19b, 20b, 21)

Esos versículos me recuerdan que es posible procesar mis pensamientos de una nueva manera. El hecho de que estos pensamientos me hayan afectado de un modo negativo en el pasado no significa que ese siempre deba ser el camino.

> *Aunque cambien de lugar las montañas y se tambaleen las colinas, no cambiará mi fiel amor por ti...* (Isaías 54:10)

Mis sentimientos de incapacidad a menudo se basan en un temor al fracaso. Isaías 54:10 me recuerda que ni una gran cantidad de fracasos ni mi baja autoestima cambiará el amor de Dios por mí. Esa realidad consoladora me ayuda a no rehuir las situaciones que implican un desafío, sino a buscar las fuerzas de Dios y actuar con más valor.

> *Y nosotros hemos llegado a saber y creer que Dios nos ama.* (1 Juan 4:16)

Este versículo me recuerda que en tanto que las personas demuestran ser poco fiables, Dios nunca lo es. Es posible conocerlo de una forma más profunda de lo que se logra en las relaciones humanas y aprender a confiar en su amor para que se estabilicen aquellos espacios en los que tenemos deficiencias.

Al igual que el resto de la Biblia, todos estos versículos constituyen la verdad de Dios. Recítalos. Repítelos. Tráelos a tu mente todas las veces que sea necesario. Y recuerda las palabras clave de estos versículos: Dios está haciendo algo nuevo en nosotras. Somos su pueblo escogido; escogido, como si Dios nos hubiera seleccionado con su mano. El amor de Dios no falla a pesar de lo que nosotras hagamos o dejemos de hacer. Su amor es absolutamente confiable.

Y estos son apenas unos pocos ejemplos de los muchos versículos que se refieren a los pensamientos y al gran amor de Dios por nosotras. A veces tengo que repetir estos textos diez, veinte o cien veces; pero los sigo diciendo hasta que la verdad penetra y soy capaz de dejar la margarita atrás.

La Biblia también dice en 1 Juan 4:19: «Nosotros amamos a Dios porque él nos amó primero». Notemos lo que sucede cuando reacomodamos los dos pensamientos de este versículo: «Porque primero Dios nos amó… nosotros [lo] amamos». Y esto es lo que nos conduce al segundo paso y nos ayuda a vencer la sensación de ineptitud: operar *con* el amor de Dios.

PASO 2: OPERAR *CON* EL AMOR DE DIOS

Operar *con* el amor de Dios nos permite descansar en una seguridad mayor que nosotras mismas. Está bien que sea un tanto insegura si eso me impulsa a depender de Dios más plenamente. Cuando trato de vivir la vida solo dependiendo de mí, toda inseguridad parece una desventaja. Pero cuando opero con el amor de Dios, le pido a él que me muestre cómo usar mis inseguridades para beneficiarme en vez de perjudicarme.

Digamos esto juntas en voz alta:

Las inseguridades no me impulsarán a *buscar* en los demás lo que debería encontrar en Dios. En cambio, me impulsarán a *darles* a los demás, para mostrarles a Dios.

Mis inseguridades en realidad me ayudan si yo permito que Dios las use para hacerme más sensible y perceptiva ante las inseguridades de otros. Si puedo percibir cuándo alguien necesita una palabra de aliento, un abrazo (lo que es fabuloso, dado que no soy dada a los abrazos), un comentario en su blog o un correo electrónico rápido, eso constituye una manera positiva de usar mis inseguridades para mi beneficio, o mejor dicho, para el beneficio de Dios.

En su libro *La búsqueda de significado*, Robert McGee escribe:

El temor al rechazo es desenfrenado, y la soledad es uno de los problemas más peligrosos y difundidos en los Estados Unidos en la actualidad [...] La soledad no ha quedado relegada solo a los incrédulos. El noventa y dos por ciento de los cristianos que asistieron a una conferencia bíblica admitieron en una encuesta que el sentimiento de soledad era uno de los problemas principales de su vida. Todos compartían un síntoma común: un sentido de desesperación por no sentirse amados y un temor a no ser queridos o aceptados. Estas declaraciones resultan trágicas porque provienen de personas de las que Cristo dijo: *«De este modo todos sabrán que son mis discípulos, si se aman los unos a los otros»* (Juan 13:35) [4].

Esa cita constituye un desafío y me lleva a entender que muchas de nosotras estamos luchando precisamente contra los mismos sentimientos negativos. ¡No estamos solas!

¿Pueden imaginar lo que sucedería si dejáramos que Dios nos mostrara cómo usar nuestras inseguridades y sentimientos de ineptitud como un impulso para amar más a los demás? Me refiero a que es realmente simple solo amar a los demás y eso, a su vez, podría causar un absoluto y profundo impacto.

Y *es* posible.

Una de las principales herramientas que usa Satanás para impedirnos contarle al mundo sobre Cristo es llevarnos a colocar nuestro sentido de seguridad en el lugar incorrecto. Jesús nunca tuvo la intención de que la evangelización fuera complicada y difícil. Él sencillamente nos mandó a amarlo a él y al prójimo (Mateo 22:37-39). Me gusta el modo en que 1 Juan 4:11-12 lo expresa: «Queridos hermanos, ya que Dios nos ha amado así, también nosotros debemos amarnos los unos a los otros. Nadie ha visto jamás a Dios, pero si nos amamos los unos a los otros, Dios permanece entre nosotros, y entre nosotros su amor se ha manifestado plenamente».

Cuando amamos a los demás vivimos la verdad de Dios en voz alta. Dado que todas las personas necesitan amor, eso puede abrir la puerta para que revelemos que Dios es la fuente de nuestro amor. ¿Puedes pensar en alguien que necesite un toque de amor ahora mismo? Considerar las oportunidades que hay alrededor de ti conmocionará tu mundo más que si Pappagallo de pronto permitiera que los portadores de tarjetas de crédito de Sears las usaran en sus comercios.

*Cuando amamos a los demás,
vivimos la verdad de Dios en voz alta.*

¿Cómo es que mis inseguridades, insuficiencias y sentimientos de torpeza me pueden impulsar a amar? ¿Cómo se daría eso en un nivel práctico de todos los días?

A veces me levanto durante la noche y pienso en alguien que sé que está sufriendo, y eso me impulsa a orar por él o ella. Es una elección.

En un sitio lleno de personas, puedo detectar a alguien que se siente ignorado por los demás y mi corazón se ha vuelto más sensible para notarlo. Es una elección.

Si un extraño se muestra maleducado conmigo, en vez de sentirme molesta, trato de separar su humanidad de su acción. Si me detengo tan solo un momento, puedo recordar que debajo de la dura cubierta exterior hay muchas posibilidades de que se esté librando una batalla de inseguridades en su corazón. Es una elección.

Si yo fuera totalmente segura de mí misma todo el tiempo, no creo que eso aumentaría mi calificación para el ministerio. De hecho, creo que resultaría exactamente al contrario. Así que, básicamente, mi sentimiento de torpeza a veces es en realidad un don. Un don que debería llevarme a operar *en* el amor de Dios y *con* el amor de Dios.

Ah, y como ustedes sabrán, estoy en una etapa de mi adolescencia en la que soy devota de un cierto libro. Un libro con una tapa suave de cuero y grandes promesas. A menudo me encuentro hecha un ovillo en mi sillón (comprado en un supermercado) devorando este libro lleno de verdad, consuelo y cambio de vida. Es, por supuesto, *La Santa Biblia oficial.*

CAPÍTULO 8

PERO QUIERO LO QUE ELLA TIENE

Crecí siendo pobre. Esa clase de pobreza que obliga a volverse creativo en todo.

Mientras que otros niños jugaban en el jardín trasero en sus hamacas de metal reluciente de Kmart, nosotras teníamos que jugar en una zanja detrás de nuestro complejo de apartamentos de baja renta.

Mientras que otras niñas decoraban sus casitas de Barbie de plástico rosado, yo remodelaba una caja de zapatos para que hiciera las veces de casa. Recuerdo haber encontrado un gran tesoro un día, un pedazo de césped verde. Lo cortaba en cuadrados, lo ponía en mi caja y, por uno o dos días, lograba simular que la casa de mi Barbie tenía la alfombra verde más asombrosa que existía. Luego resultaba que se ponía marrón y tenía que volver al bosque a buscar una nueva alfombra de pasto.

En nuestro entorno no existía tal cosa como una semana de vacaciones en la playa. Teníamos *días* de playa. Como vivíamos en Florida, la playa estaba a unas dos horas en auto. Nos apiñábamos en el Pinto rojo, sin aire acondicionado y con asientos de cuero negro, y nos dirigíamos a la costa. Equipados con nada más que nuestros trajes de baño, cosidos a mano, y una gran bolsa de Doritos para cada niño, pasábamos todo el día saltando entre las olas y cavando en la arena.

Los viajes de regreso a casa están entre mis recuerdos favoritos. No hay nada que se adhiera más a la piel llena de arena y sal, y quemada por el sol, que unos asientos calientes, sin aire acondicionado… y de cuero negro.

Extrañamente, no recuerdo haberme sentido carenciada en lo más mínimo. Lo que nos faltaba en recursos y comodidades lo compensábamos con nuestra imaginación.

Yo pensaba que era la niña más afortunada sobre la tierra.

¿Quién quería unas hamacas de metal reluciente cuando podía tener una zanja? Algunos días jugábamos a que era el Gran Cañón del Colorado que nos atrevíamos a cruzar. Otros días se trataba de un palacio en el que establecíamos nuestra casa y servíamos el té. Los días lluviosos se convertía en una piscina en la que abundaban las bombas de barro.

¿Quién querría una casa de Barbie comprada en la tienda, con pequeños cuartos restringidos de plástico, cuando podíamos tener la flexibilidad de las variedades que ofrecían las cajas de zapatos? Un día Barbie estaba en un rancho hecho con una caja; al siguiente se casaba con J. R. Ewing y tenían una mansión de cuatro cajas. Lo malo era cuando al tercer día alguien le disparaba a J. R. y ella tenía que mudarse a un apartamento de dos pisos (perdón, de dos cajas).

¿Y quién querría pasar toda una semana en la playa? Mi piel estaba tan enrojecida después del primer día que no podía pensar en nada más que eso. ¡Pobre la gente que tenía que dormir en moteles! Nosotros cargábamos el Pinto, poníamos nuestros casetes de ocho canciones a todo volumen y dejábamos nuestros cabellos al viento flotar en todas direcciones mientras regresábamos a toda prisa a nuestra casa.

Luego, después de un baño y una abundante cena de macarrones y queso en caja, me deslizaba dentro de mis sábanas Holly Hobby y soñaba con aquello en lo que se convertiría mi zanja al día siguiente.

Finalmente nos mudamos de nuestro apartamento a una pequeña finca amarilla con rebordes marrones. No era gran cosa, pero era nuestra. Eso significaba que podría pintar mi habitación. Gloria de las glorias, mi mamá aceptó dejarme elegir el color: ¡rosado como la goma de mascar!

Pensé que había muerto y estaba en el cielo.

Todo eso fue hasta el día en que descubrí que éramos pobres.

UN DESCONTENTO QUE CORROE

Estaba en la escuela un día, poniendo algunos libros de nuevo en el estante junto a la gran ventana de nuestra aula. El aula daba al frente de la escuela y, como no tenía aire acondicionado, la ventana permanecía abierta. Deseando estar afuera jugando en vez de adentro leyendo, me quedé allí y me tomé un tiempo para terminar la tarea.

De repente, mi sueño diurno fue interrumpido por un cuadro extraño e inusual. Un gran auto negro se detuvo en el estacionamiento, al final del corredor. Bajó una chica preciosa de cabello oscuro que parecía ser de mi edad. Dos hombres de anteojos oscuros la escoltaban. Se veían muy concentrados, moviéndose de forma nerviosa con sus walkie-talkies y consultando una pila de papeles, cuando de pronto se dieron cuenta de que la muchacha se les había adelantado y estaba por entrar al edificio sin ellos.

Observé con asombro la forma en que corrieron a alcanzarla e hicieron un alboroto por ver quién le abría la puerta. Pronto estuvieron fuera de mi vista, pero yo quería saber más. No podía esperar hasta el recreo. Tenía que hacer algunas averiguaciones.

Resultó ser que el nuevo gobernador de nuestro estado tenía una hija en edad de escuela primaria. Una hija hermosa de cabellos oscuros, para ser más precisa. Y le habían asignado asistir a nuestra escuela. Aunque intentaban hacerla ver como cualquier otra persona, todos sabíamos que era especial.

Al principio yo la evitaba. No podía imaginar qué podríamos tener en común. Su mundo de limusina negra con ventanas relucientes y guardaespaldas parecía muy lejano a mi mundo de niña sola porque su madre trabaja, con una bicicleta Huffy despintada de color rosa.

Sin embargo, un día nos encontramos en el almuerzo. No recuerdo qué comió ella, pero me acuerdo con claridad de lo que comí yo. Como no me gustaba la mantequilla de maní, pero desesperadamente quería llevar sándwiches de pan blanco que parecieran de mantequilla de maní y mermelada (que estaban tan de moda), mi mamá me hacía unos de jalea de uva y lascas de queso. Nadie jamás sospecharía de mi pequeño truco. Pero la bella niña de cabello negro enseguida descubrió mi artimaña y dijo que pensaba que mis sándwiches eran fabulosos.

Al poco tiempo ya éramos amigas. Amigas que querían estar juntas fuera de la escuela. Imagina la expresión del rostro de mi madre cuando le dije que me habían invitado a la mansión del gobernador a jugar. Nos detuvimos junto a un enorme portón de rejas que rodeaba una gran casa de ladrillos, pasamos enseguida por la seguridad, estacionamos nuestro pequeño Pinto rojo en el frente, y fuimos escoltadas a través de unas majestuosas puertas blancas.

Adentro de la mansión quedé estupefacta por las cosas que relucían y tenían nombres que escapaban a mi vocabulario. No eran las obras de arte o los pisos de mármol o las estatuas creadas por artistas famosos lo que tocó las cuerdas de mi descontento. Era la habilidad de mi amiga para obtener lo que deseaba cuando lo deseaba lo que hizo que mi corazón dejara de sentir que yo era la chica afortunada que siempre me había considerado.

De pronto observé cosas acerca de mi entorno que nunca antes me habían molestado. Sus sábanas eran suaves; las mías, ásperas. Su ropa era moderna y costosa; la mía, barata. Sus juguetes estaban en un armario lleno de estantes y organizadores; los míos estaban tirados al azar en algún lugar de mi habitación. Ella tenía todo un armario que hacía las veces de guardería para sus muñecas; mis muñecas tenían camas improvisadas.

Aunque ella nunca señaló nuestras diferencias y era una de mis amigas más bondadosas, mis comparaciones se convirtieron en un descontento que erosionaba mi felicidad. No recuerdo cuándo fue la primera vez que oí la palabra «pobre», pero sí recuerdo el cambio que tuvo lugar en mi corazón cuando comencé a sentir el peso de lo que eso significaba en mi vida.

Suponía que a mi amiga no le faltaba nada. Mi vida estaba llena de cosas que evidenciaban carencias. Hice lo que muchas personas hacen cuando se retraen de los demás y se marchan sintiéndose en desventaja: comencé a resentirme. Empecé a dejar de ver lo bueno de mi situación y de apreciar lo que tenía.

¿ESTOY PREPARADA PARA MANEJARLO?

Fíjate si te sientes identificadas con alguno de estos casos:

Mi casa me parece hermosa hasta que una amiga redecora la suya. Su ingeniosa combinación de colores y su habilidad manual para la restauración crean un ambiente que parece sacado de una revista de decoración. De repente veo a mi casa como anticuada y sin gracia.

Mis hijos me resultan maravillosos hasta que me encuentro con los hijos de otra persona que se destacan en áreas en las que los míos no. Veo a sus hijos tranquilos, leyendo libros bastante avanzados para su edad y disfrutándolos. Mis hijos en cambio preferirían cortarse una mano antes que leer libros adecuados para su nivel, y cuando leen, me preguntan todo el tiempo si pueden irse a hacer algo más divertido. De pronto me siento una mala madre y me reprocho por no haber hecho de la lectura una prioridad cuando eran más chicos.

Cada vez que tengo una visión súperidílica de las circunstancias de los demás, a menudo me recuerdo en voz alta: «No estoy preparada para manejar lo que ellos tienen, tanto lo bueno como lo malo».

Me parece que mi matrimonio es espectacular hasta que veo una película en la que el personaje es el hombre perfecto: posee la combinación justa de romanticismo, conversación, elegancia y compasión. Lo comparo con mi esposo, un amante de las actividades al aire libre que siempre anda en mangas de camisa, que no cree que exista el dolor hasta que no se ve sangre… y suspiro.

En cada caso, cada bendición que pensaba tener, de pronto palidece ante la comparación. Dejo de ver lo que tengo por considerar lo que me falta; y mi corazón es arrastrado a un lugar de suposiciones y de ingratitud. *Supongo* que todo es bueno para los que poseen lo que yo no tengo, y la suposición me hace ser *menos agradecida* por lo que sí tengo.

Y este es el secreto: la situación de la persona con la que me comparo nunca es lo que parece. Si hay algo que estos cuarenta años de vida me han enseñado es que todos tienen aspectos no tan maravillosos en su existencia. Por eso cada vez que tengo una visión superidílica de las circunstancias de los demás, a menudo me recuerdo en voz alta: «No estoy preparada para manejar lo que ellos tienen, tanto lo bueno como lo malo».

LO BUENO Y LO MALO

Cuando quiero las cosas buenas que otro tiene, debo darme cuenta de que también estoy pidiendo las cosas malas que vienen juntamente con ellas. Siempre van en un mismo un paquete. Y generalmente, cuando le dedico el suficiente tiempo a la situación como para que se descubra lo que en realidad es, le agradezco a Dios que no me tocara el paquete de otra persona.

Una de las primeras veces que llegué a entender esta verdad fue en la escuela secundaria cuando conocí a una chica muy bonita en un teatro para niños de mi ciudad. Las dos éramos artistas nuevas en una representación navideña. Durante los ensayos yo recuerdo que sentía envidia porque sus largas piernas de bailarina se movían de una forma en que mis piernas cortas y regordetas nunca podrían. Sus piernas eran musculosas y delgadas, y tenían gracia; las mías no podían describirse usando ninguno de esos adjetivos.

Un día ella sintió un dolor extraño en su pierna izquierda. La cita con el doctor se transformó en una serie de análisis que terminaron en una internación hospitalaria que acabó con un diagnóstico: cáncer. Una operación para remover el tumor acabó con una amputación que resultó en un cambio de vida rotundo. Su mundo se llenó de palabras que ningún niño jamás debería conocer: quimioterapia, prótesis, caída del cabello y bastones para caminar.

Como jovencita que era, yo estaba golpeada por todo lo sucedido. Especialmente porque recuerdo con claridad las noches enteras en que la miraba deslizarse por el escenario y le pedía a Dios que me diera piernas exactamente como las suyas.

No estamos preparados para manejar lo que otros tienen, tanto lo bueno como lo malo.

En mis primeros días de casada conocí a una mujer mayor que era una de las almas más tranquilas que jamás había conocido. Parecía que ella y su esposo jamás hubieran tenido una pelea o un pequeño desacuerdo.

Yo quería su paciencia, su gracia, su suavidad. Siempre sentía que a mí me hervía la sangre cuando mi esposo y yo discutíamos; yo me volvía verborrágica y quería expresar lo que sentía en decibeles altísimos. Nuestra comunicación parecía un ruidoso combate de boxeo comparado con la coreografía de vals de la otra pareja.

Un día le confesé que yo deseaba que mi matrimonio fuera como el suyo. Allí fue cuando se acercó, puso sus codos sobre la mesa, y me confesó el alto precio que ella y su esposo habían pagado para tener la comunicación de la que ahora disfrutaban. Al principio de su matrimonio su esposo había tenido una aventura que casi arruina la relación y casi la destruye a ella como persona. Llevó años de consejería matrimonial reconstruir los efectos de la traición.

No estamos preparados para manejar lo que otros tienen, tanto lo bueno como lo malo.

Hace algunos años me pidieron que hablara en una conferencia junto con otras mujeres, algunas de las cuales yo consideraba de mayor renombre que el mío. Sentada en la sala detrás del escenario, cada vez que alguna de ellas se presentaba casi me hacía pis encima. Estaba hiperconsciente de cada palabra que decía y de cada movimiento que hacía. ¡Ya que hablamos de regresar a toda velocidad a esos sentimientos de la secundaria!

Una oradora entró con todo un séquito. Parecía que las tenía todas a su favor. Mientras yo había sudado mi ropa al colocar mis libros en el exhibidor, a ella la maquillaban y le arreglaban el cabello, en tanto que una asistente colocaba sus libros en el estante.

Mi cabello era un desastre, mi maquillaje se había corrido y temía que mi desodorante pronto me abandonara. ¡Ah, si tan solo tuviera su éxito no tendría que salir al escenario viéndome y sintiéndome como un desastre!

Luego supe que ella acababa de recibir la noticia de que la empresa que patrocinaba los eventos que organizaba en un estadio le había cancelado el contrato.

No estamos preparados para manejar lo que otros tienen, tanto lo bueno como lo malo.

No quiero pintar el cuadro de que toda circunstancia buena de alguien termina automáticamente en tragedia. No es el caso. A veces lo bueno que les pasa a los demás es simplemente fantástico. Pero es fantástico para ellos, no para mí.

No estamos preparados para manejar lo que ellos tienen, tanto lo bueno como lo malo.

REDIRIGIR LOS PENSAMIENTOS

Cuando me encuentro haciendo comparaciones y deseando lo que otro tiene, debo elegir conscientemente redirigir mis pensamientos. Muchas de nosotras vivimos con pensamientos que no están bajo control. Es posible aprender a identificar pensamientos destructivos y hacer elecciones más sabias. En vez de dejar que ellos resuenen libremente en la mente, tomemos la decisión de controlarlos y dirigirlos hacia la verdad.

Muchas de nosotras vivimos con pensamientos
que no están bajo control.

Piensa en algo que quieres y que otro tiene. Has sido tentada a pensar: «Si tan solo tuviera _____como esa persona, ¡mi vida sería fantástica!»

Ahora, practica redirigir esos pensamientos diciendo en cambio:

No estoy preparada para lo bueno que ella tiene.
No estoy lista para lo malo que le ha tocado.
No estoy capacitada para cargar el peso de sus victorias.
No estoy preparada para llevar sus cargas.
No estoy equipada para ser ella de ninguna manera.
Sin embargo, estoy perfectamente preparada para ser yo.
Por lo tanto, gracias Dios por confiarme lo que tengo y lo que soy.

Cuando me comparo con otros y me enfoco en desear lo que ellos tienen, eso simplemente me desgasta porque intento imaginar cómo puedo tener más, ser más y hacer más. Por eso Jesús instruye a los cansados: «Venid a mí todos los que estáis trabajados y cargados, y yo os haré descansar. Llevad mi yugo sobre vosotros, y aprended de mí, que soy manso y humilde de corazón; y hallaréis descanso para vuestras almas; porque mi yugo es fácil, y ligera mi carga» (Mateo 11:28-30, RVR1960).

Presta atención a un par de palabras clave en esos versículos. Un «yugo» es una especie de estructura de madera que se usa para atar dos animales de tiro a lo que ellos tienen que tirar. La palabra griega para «fácil» también significa «hecho a la medida». Si combinamos esa información, parecería que Jesús estuviera diciendo que él nos ha equipado a cada uno de nosotros para tareas en la vida hechas a nuestra medida. Siempre y cuando hagamos y aspiremos solo a lo que él nos llama, nuestra carga no solo será manejable, sino también ligera.

Además resulta interesante notar que cuando entrena a un animal, el granjero le pone el yugo en la cabeza en vez de colocárselo en el cuello para impedir que el animal mire hacia los costados y se ponga ansioso. Creo que el yugo de mi cabeza ha sido esta declaración que redirige mis pensamientos: «No estoy preparada para manejar lo que otros tienen, tanto lo bueno como lo malo». Ciertamente me ha hecho dejar de mirar alrededor y ponerme ansiosa.

ELLA QUIERE LO QUE YO TENGO

Hace poco recibí una carta que empezaba diciendo: «Lysa, he estado envidiándote de manera enfermiza desde que te conocí en el retiro de mujeres hace tres años atrás. Quería que tu ministerio fuera el mío, que tus libros fueran mis libros, que las invitaciones a predicar fueran mías, y que tu fe fuera mi fe. Cada vez que esta horrible envidia comenzaba a supurar en mi corazón, excusaba de algún modo su existencia y trataba de quitarla de mi vista. Pero no se ha ido».

MI CORAZÓN SE QUEBRÓ.

Yo entiendo que algunas partes de mi vida puedan parecer glamorosas. Pero en mi interior, los compromisos para predicar y los libros publicados implican una realidad de muchísimo trabajo duro realizado, de noches en vela y de sacrificio. De lágrimas a las tres de la mañana, después de haberme quedado despierta para cumplir con un plazo. De perderme el almuerzo de cumpleaños de alguna amiga porque se había acordado con anterioridad la grabación de un programa de radio. De un vuelo demorado que me obligó a pasar una noche en el aeropuerto de Chicago. De ser juzgada por aquellos que piensan que no puedo ser una buena madre porque viajo fuera de la ciudad.

Todas esas cosas son una carga, pero una carga para la que he sido preparada y por lo tanto pudo manejar. *Pero, ah queridas amigas, no se entristezcan porque mi misión no es la suya.*

Esta mujer siguió contándome que el Señor la había desafiado a leer uno de mis libros en un estudio bíblico. Había evitado mis libros en el pasado. Pero en ese acto de obediencia, Dios le salió al encuentro durante el estudio. Su carta continuaba así: «El mayor regalo hasta aquí ha sido la revelación que el Señor me dio esta mañana: No estoy envidiosa de ti personalmente, Lysa, o de todo lo que Dios ha hecho a través de tu vida. He estado celosa de tu fe. He tenido la ilusoria noción de que tu fe había sido dada por Dios y que de algún modo yo había sido estafada en ese sentido con algo menor. Pero Dios desacreditó ese pensamiento erróneo hoy. Él me mostró claramente que tiene planes para que mi fe sea tan profunda, real, fuerte y ferviente como la tuya... Es todo un proceso, como tú has escrito. Dios no me puede dar tu ministerio, tus libros, tus invitaciones para predicar, porque no fueron planeados para mí».

Increíble. Liberador. Confirma el punto.

Dios había estado obrando entre bambalinas en su vida. Él le estaba susurrando a ella, en medio de sus comparaciones, envidia y sensación de haber sido estafada por Dios, la misma verdad con la que me había consolado a mí muchas veces.

No estamos preparados para manejar lo que otros tienen, tanto lo bueno como lo malo.

Eso es verdad tanto para la niña con una bicicleta Huffy rosa como para una mujer de cuarenta años, acalorada y con la ropa desañilada al presentarse a predicar. Es verdad para la amiga que me escribió la carta. Y es verdad para ti si alguna vez te pescas diciendo: «Quiero lo que ella tiene».

CAPÍTULO 9

JURO POR MI VIDA QUE CERRARÉ LA BOCA

Labios brillantes color púrpura, gotitas pegajosas sobre nuestros zapatos y dos palitos de madera era indicios de tres verdades gloriosas. Era verano. Mi mamá había recordado congelar nuestras paletas de helado caseras. Y mi mejor amiga había venido de visita.

Nunca había necesitado tanto como ese día una pequeña charla de corazón a corazón con Sally.

Bajo un sol abrasador, mi corazón comenzó a acelerarse. ¿Cómo se cuenta un secreto? ¿Sabrá guardarlo? Me llevó todo el helado reunir el coraje suficiente para hablar. Cuando mi lengua no tenía nada más que un palito para chupar, supe que era tiempo de abrirme y soltar algo de aquello.

Sally y yo hicimos una promesa con los dedos cruzados. Yo sabía que mi corazón estaba seguro con ella. Éramos dos nenas dando los últimos pasos de la niñez juntas. Allí mismo, en medio de un día común de verano, comenzamos a crecer. No pasó mucho tiempo antes de que arrojáramos nuestros palitos y saltáramos a una nueva etapa de la vida.

El secreto que compartí durante esa conversación en voz baja era acerca de un chico de la escuela, con cabello castaño y ojos castaños, cuya madre conducía un auto marrón por el carril de transporte colectivo. Nunca me había gustado tanto el color marrón en toda mi vida. Él usaba camisas Izod con el cuello vuelto hacia arriba. Tanto Sally como yo sospechábamos que sus rizos no eran naturales. Solo imaginármelo con una toalla alrededor de su cuello mientras su mamá le ponía los rulos para hacerle la permanente nos hizo reír tanto que nos provocó dolor en el estómago.

Todo en Sally era fantástico, aun la manera en que le habían puesto el nombre. Ella era una verdadera combinación de ambos padres. El nombre de su padre era Sal y el de su madre era Lee. Formaban la pareja más amorosa que jamás había conocido.

Fue Sally la que me introdujo a Miracle Whip, a las muñecas Cabbage Match, y la que me había enseñado a rizar el cabello aun cuando estuviera un poco corto adelante. Y ahora me transmitía la revelación total de cómo perder la cabeza por un chico. Ella era, después de todo, la experta. No porque se hubiera enamorado, no. Sino porque tenía una hermana mayor que no solo había salido con un chico, ¡sino que él la había besado en la mejilla!

En vez de pensar que los varones eran toscos y apestosos y debían ser evitados a toda costa, yo había admitido que todo en la vida serían corazones y rosas si tan solo ese chico de cabello marrón mirara en dirección a mí. ¡Ah, qué pequeño secreto tan escandaloso!

Sally podría haberme juzgado mal fácilmente ante esa confesión. Tan solo unos meses antes las dos habíamos declarado que nunca nos gustarían los chicos… *¡Nunca!* Ella podría haber obtenido el favor de algunas de las chicas más populares si hubiera divulgado mi secreto. Eso le podría haber otorgado acceso inmediato al grupo. Y ciertamente me podría haber castigado por desear ir en contra de la corriente y hablar todo el tiempo de cosas relacionadas con los varones.

Sin embargo, no hizo nada de eso. Ella me amaba. Y nunca usó en mi contra las palabras que le había confiado. Sencillamente selló sus labios rosados y me tomó de la mano. Entrecruzamos nuestros dedos una vez más como señal y promesa de nunca traicionar la confianza de la otra.

Sally y yo seguimos siendo buenas amigas todo el tiempo hasta la escuela secundaria. Aunque ahora ya no nos vemos tan seguido, Sally nunca me dejó. Nunca traicionó esa promesa que nos hicimos entre helados ni ninguno de los cientos de secretos que compartimos. Ella protegía esos lugares vulnerables de mi corazón. Los secretos de mi niñez todavía están guardados a salvo en su corazón y los suyos en el mío.

Una amiga que guarda su palabra es una bendición, estaré por siempre agradecida a esta preciosa amiga de la niñez. Más adelante en la vida, cuando fui traicionada por las palabras de otras amigas, saber lo que era la verdadera amistad fue un ancla de esperanza para mi alma.

Una amiga que guarda su palabra es una bendición.

UN CAMINO DE PALABRAS

Cuando Sally y yo nos hacíamos promesas una a la otra, a menudo sellábamos el trato con la frase: «Lo juro por mi vida». Esas simples palabras contenían una gran promesa. Lamentablemente, esa misma frase puede representar un mundo de heridas si una amiga viola el juramento y te deja con una sensación de traición.

Las palabras pronunciadas por los amigos son especialmente poderosas. Pueden levantarnos y estimularnos a alcanzar metas que hubieran sido imposibles sin su aliento. Pero las palabras hirientes pueden llevar a una mujer a la impotencia y hacerla languidecer.

Las cartas y correos electrónicos que recibo de parte de mujeres que me cuentan sus experiencias devastadoras a partir de palabras hirientes pronunciadas por personas que consideraban amigas me parten el corazón. Y más aun, las mujeres que lastiman el corazón de otras mujeres entristecen el corazón de Dios.

Estoy segura de que no necesito contar los detalles dramáticos de la forma en que ciertas palabras descuidadas han destruido amistades. Si eres como yo, probablemente te hayas sentido profundamente lastimada más veces de las que quieres recordar. Y para ser descarnadamente sinceras, con seguridad recordaremos los momentos en que nosotras mismas hemos sido malas amigas y dañamos a otra persona.

De todas las cosas de las que hablaremos con respecto a ir *más allá de las apariencias*, esta puede ser una de las más confrontadoras. Pero es exactamente la lección a través de la que Jesús quiere hacer una hermosa obra en nuestros corazones. Solo echarle un rápido vistazo a los Evangelios revela la razón por la que amar a los demás está tan arriba en la escala de prioridades de Jesús para nosotras. Por ejemplo: «Este mandamiento nuevo les doy: que se amen los unos a los otros. Así como yo los he amado, también ustedes deben amarse los unos a los otros. De este modo todos sabrán que son mis discípulos, si se aman los unos a los otros» (Juan 13:34-35). Es sencillamente imposible amar a los demás del modo en que Jesús quiere que los amemos si pronunciamos palabras hirientes acerca de alguien o dirigidas a alguien. Amar a los demás no es una gentil sugerencia de Jesús, constituye un mandamiento. Como nuestras palabras son indicadores cruciales de si amamos o no a los demás, haríamos bien en observar cuidadosamente lo que decimos.

La mujer que quiere ir *más allá de las apariencias* está tan segura en su relación con Jesús que la gracia con la que interactúa con los demás hace que seguirlo a él resulte atractivo. La gente puede confiar en su Jesús porque ella le ha demostrado en su propia vida que es alguien confiable. Su testimonio de Cristo es poderoso y eficiente porque sus palabras están saturadas de auténtico amor. Es una mujer de la que todos quieren estar cerca.

Para que otros encuentren la realidad de Jesús en nuestras vidas debemos ser mujeres que elijan con cuidado sus palabras. No hay modo de evadirlo ni existen justificativos para no hacerlo. Lo que sale de nuestra boca es una señal reveladora de lo que somos, de aquel a quien servimos y de lo que creemos en realidad. Se requiere que nos neguemos a criticar a los demás, que elijamos no juzgar y que estemos seguras de nuestro llamado personal.

Lo que sale de nuestra boca es una señal
reveladora de lo que somos, de aquel a quien servimos
y de lo que creemos en realidad.

NEGARNOS A CRITICAR

Un día recibí un mensaje telefónico de una vecina llamada Holly. Decía que sabía que me gustaba correr y me sugería que la llamara si alguna vez necesitaba una compañera para hacerlo. Lo que no supe hasta mucho tiempo después fue que Dios la había estado inquietando para que me llamara y no la dejaría en paz hasta que lo hiciera.

Holly y yo comenzamos a correr juntas y lo que empezó como un simple acto de obediencia de su parte terminó en una profunda amistad. Esa fue una gran respuesta a la oración, porque yo había estado orando por una amiga exactamente como Holly. No solo es una de mis mejores amigas, sino que además es mi asistente ejecutiva. En otras palabras, ella me mantiene a raya en muchos aspectos y eso me encanta.

Un día Holly me dio un regalo muy singular, que me hizo sentir para siempre segura con ella. Aunque no fue un regalo caro, se convirtió en algo valioso para mí. Ella se comprometió conmigo a que nunca diría nada deshonroso de mí. Para mí fue más que un compromiso, constituyó un pacto que ella había hecho con Dios. No puedo expresar la paz que eso trajo a mi corazón.

No es que yo temiera que mis otras amigas anduvieran hablando por ahí. No tenía ese temor. Y no puedo decir que mis otras amigas no fueran capaces de hacer esta misma promesa. Probablemente sí. Pero Holly verbalizó su compromiso con valentía, en una manera que ha definido nuestra amistad y construido una hermosa confianza que es rara entre mujeres.

Confiar profundamente y sin reservas es algo difícil para mí. Cuando mi padre abandonó a mi familia, algo dentro de mí murió. Me volví áspera, sensible y temerosa de ser traicionada otra vez. Después, cuando mi hermana murió y el luto cayó sobre mi mamá como un manto asfixiante, no pude sacudirme el sentimiento de que yo no era lo suficientemente buena como para hacer feliz a mi madre otra vez. Me sentí traicionada de nuevo por el único progenitor que alguna vez había cuidado de mí. Era una suposición injusta sobre mi mamá, pero la traición de mi padre había empañado mi visión de las cosas. En lo más profundo de mi interior me resistía a desarrollar relaciones cercanas; eso era muy riesgoso.

Saber que alguien había hablado mal de mí o me había juzgado me remontaba inmediatamente a los sentimientos de esa niñita parada junto a la ventana del frente de su casa, mirando a su padre alejarse. Alguien que se suponía que debía protegerme había reabierto la herida.

Si todas sabemos de la destrucción tipo tsunami que puede causar la murmuración, ¿por qué será que hablar de manera descuidada usando palabras hirientes resulta tan atractivo? Es fácil entrar en la murmuración y muy difícil salir de ella. Si tan solo suponemos que no nos veremos tentadas a criticar, nos engañamos a nosotras mismas y nos exponemos a potenciales problemas. Decirle a una amiga que ella puede confiar en que nunca la traicionaremos pone en acción tres reglas vitales que la Biblia nos enseña acerca de nuestras palabras.

Guarda tu lengua para mantenerte lejos de problemas. Un sabio llamado Salomón una vez dijo: «El que refrena su boca y su lengua se libra de muchas angustias» (Proverbios 21:23). He descubierto que no es bueno estar en situaciones en las que abunda la charla vana.

Antes de juntarme con mis amigas hago dos cosas: Conscientemente decido no hacer ningún comentario negativo ni deslizar ningún chisme que pueda haber oído, y preparo de antemano algunos temas positivos de charla. En vez de esperar que la conversación con las amigas vaya en una dirección saludable, ¿por qué no ayudar a conducir la charla?

Limita tus palabras para ser sabia. Ese muchacho sabio, Salomón, también dijo: «El que mucho habla, mucho yerra; el que es sabio refrena su lengua» (Proverbios 10:19). Sin duda, me encanta hablar; sin embargo, trato de limitar el número de palabras que digo. Eso puede resultar difícil cuando quiero meter mi bocadillo en cada conversación. Pero he descubierto que mientras menos palabras digo, más puedo calcular aquellas que pronuncio.

Hemos desarrollado en la familia la práctica de hacernos tres preguntas antes de hablar: «¿Mis palabras son amables? ¿Son verdaderas? ¿Son necesarias?». Al enseñarles este principio a mis hijos, me recuerdo continuamente la necesidad de implementarlo en mi propia vida. ¿Puedes pensar en alguna situación en donde esto te podría haber ahorrado un problema? Yo sí.

Usa tus palabras para validar tu relación con el Señor, no para negarla. La Biblia enseña que hay una clara conexión entre nuestra forma de usar las palabras y la validez de nuestras creencias. Según Santiago 1:26: «Si alguien se cree religioso pero no le pone freno a su lengua, se engaña a sí mismo, y su religión no sirve para nada».

No soy una fanática en cuanto a pensar sobre mi relación con el Señor en términos «religiosos», pero este versículo me advierte de manera poderosa contra de las palabras sin control y las conversaciones descuidadas. Pensar que mis palabras dichas a la ligera pueden darle a otro la impresión de que mi relación con Jesús no vale nada me rompe el corazón.

¿Recuerdas la pregunta que hice en la introducción de este libro, con respecto a si «Jesús da resultado»? Santiago 1:26 nos advierte acerca de lo peligroso que es no tener control sobre nuestras palabras. Si no lo hacemos, parecemos simples hipócritas cuyo Jesús no da resultado. ¡Y!

Podría seguir hablando de por qué no debemos murmurar y dar más consejos para evitarlo, pero la enseñanza es esta: no lo hagamos. Simple y claramente. No se corresponde con lo que somos. No solo debo *elegir* no criticar, sino que debo elegir creer que *en Cristo* yo no soy una chismosa.

Imagina el número de problemas de relación que desaparecerían si todos nos comprometiéramos a decir palabras amables. ¿Por qué no comprometernos hoy a hacer realidad esta clase de amor con aquellos a los que apreciamos?

No solo me sentí animada por el compromiso de Holly de nunca decir nada deshonroso acerca de mí, sino que yo misma sentí el desafío de hacerlo también.

¿Te quieres unir a mí y aceptar este desafío de hacer la misma promesa? No solo enriquece la amistad, sino lo que es más importante aun, hace que nuestra relación con el Señor sea más auténtica y creíble. Honramos a Dios cuando nos honramos unos a otros. Rehusarse a murmurar es un precioso y escaso don. Lleva a la gente a notar una diferencia tangible en nosotras las que conocemos al Señor.

ELEGIR NO JUZGAR

Negarnos a criticar o murmurar es de vital importancia, pero no es lo único que Dios pide de nosotras. Podemos no decir nada, pero aun así albergar un espíritu de juicio contra los demás, y juzgar es lo que alimenta la crítica más que ninguna otra cosa. Un juicio es nuestra suposición de que la otra persona está haciendo algo mal. Y encontrar a otros que estén de acuerdo con nosotros hace que la murmuración sea tan intrigante. Nos sentimos superiores cuando juzgamos a los demás. Hablar mal acerca de ellos con otra persona de alguna manera nos hace sentir justificados.

Mi amiga Melanie Chitwood escribió un devocional para el Ministerio Proverbios 31 en el que reconoce su propia lucha en esta área y la manera en ella está logrando vencer:

> He estado pensando últimamente en lo fácil que es juzgar a los demás y pensar que yo tengo las respuestas para otros. Por ejemplo, cuando veo a una madre frustrada por sus hijos rebeldes, puedo llegar a pensar: «Todo lo que debe hacer es poner a esos niños en penitencia por un tiempo». Cuando observo a una pareja que tiene problemas en su matrimonio, cuestiono su compromiso con Dios.
>
> En pocas palabras, puedo ser sabia en mi propia opinión, tal como los fariseos. Dios me ha llevado a percatarme últimamente de algunos de los criterios por los que mido a los demás, como son: Una buena madre no deja que sus hijos miren demasiada televisión y no les grita a sus hijos. Una mujer piadosa tiene un quieto tiempo devocional cada día y no pelea con su esposo.
>
> Pero luego Jesús pone patas arriba esas nociones cuando dice: «El mayor de ellos es el amor». ¿Qué sucedería si en vez de justicia propia destiláramos amor? Sonaría algo así como: «Ser madre puede ser agotador. ¿Quieres que salgamos juntas un rato?» o «He tenido luchas en mi matrimonio también. ¿Quieres hablar acerca de ello?»
>
> Dios me está animando a examinar mis juicios verbales o tácitos hacia los demás. Él quiere que nos acerquemos y les ayudemos a llevar las cargas, en vez de agregarles peso con nuestra crítica. Mientras que los fariseos amontonaban ascuas de juicio, Jesús nos llama a ser vasijas de su amor y aliento [5.]

¡Ah, como me hubiera gustado que alguien se hubiera acercado de ese modo a mí cuando tenía hijos pequeños! Yo transpiraba cuando las personas me miraban y ponían sus ojos en blanco si mis hijos se comportaban como niños en público. Nunca nadie me ofreció ayuda. Si lo hubieran hecho, seguramente me habrían bendecido. En vez de lamentarme por lo que no sucedió, lo usaré como un recordatorio que me ayude a ser más compasiva y servicial con los demás. ¡Hay tantas maneras en que puedo negarme a juzgar y en cambio de eso dejar traslucir amor!

Los fariseos de los días de Jesús se enorgullecían de su cumplimiento estricto de la ley de Dios y juzgaban duramente a todos los que no eran como ellos. Desestimaban completamente las enseñanzas de Jesús de amar a los demás. Lo interesante es que la palabra «fariseo» viene de la forma hebrea *prushim*, que significa «separados». Y de hecho lo estaban: separados de la verdad, de los demás e incluso de Dios mismo.

Cuando juzgamos a otros pecamos. No hay una manera refinada de decirlo. También nos separamos de la verdad, de los demás y, lo más trágico, de Dios. Jesús dijo: «No juzguen a nadie, para que nadie los juzgue a ustedes. Porque tal como juzguen se les juzgará, y con la medida que midan a otros, se les medirá a ustedes. ¿Por qué te fijas en la astilla que tiene tu hermano en el ojo, y no le das importancia a la viga que está en el tuyo?» (Mateo 7:1-3). Podemos pensar que juzgar a los demás está bien siempre y cuando lo guardemos para nosotros, pero no es cierto. Juzgar, según este versículo, no solo nos separa de lo mejor que Dios tiene para nosotros, sino que abre la puerta para que caiga juicio sobre nuestra vida. ¡Es como mandarle una invitación!

A menudo caemos en juzgar a los demás con el pretexto de ser lo bastante sinceros como para decirle cosas difíciles a un amigo. La Biblia deja en claro que la sinceridad es importante, pero también lo es considerar en oración la manera y el momento de comunicarlo. Decirle algo duro a alguien no es una tarea sencilla. Tenemos que ensuciarnos un poquito para ponernos de su lado, llegar a saber lo que es su vida en realidad, y ganarnos el derecho de tener ese tipo de conversaciones.

Ese es uno de los aspectos favoritos de mi amistad con Renee. Trabajamos juntas. Jugamos juntas. Creemos lo mejor de la otra y estamos comprometidas a nunca deshonrarnos. Hemos hecho tantos depósitos positivos una en la vida de la otra que nos hemos ganado el derecho a hacernos críticas constructivas sin la amenaza de que eso boicotee la relación.

Recientemente pasé por una situación en la que debía tomar una decisión difícil, pero seguía posponiéndola. Cuando hablé del asunto con Renee ella me animó y me desafió. Para ser franca, no quería oír nada de lo que me dijo. Ella no estaba de acuerdo con algunos de mis puntos de vista. Pero, al final, sabía que podía confiar en su consejo y tomé la decisión de dejar que su perspectiva expandiera mi visión en vez de que hiriera mis sentimientos. Renee escogió el tiempo preciso para tener esa conversación y buscó las palabras justas que abordaran la situación en vez de juzgarme. Yo terminé siendo mejor gracias a que tengo una amiga que se ganó el derecho de decirme algo complicado de decir.

No obstante, debemos saber que aun en este tipo de amistad debemos sopesar nuestra crítica constructiva con mucho cuidado. Debemos recordar lo que Jesús dijo en Mateo 7:1-3: Antes de que podamos juzgar a los demás primero tenemos que pedirle a Dios que nos revele nuestro propio pecado. No solo con el propósito de limpiarnos de toda impureza, aunque esto resulta de vital importancia, sino también porque nos coloca en una posición más humilde antes de acercarnos a los demás. Cuando somos verdaderamente humildes, tenemos menos propensión a juzgar a los demás.

Siempre debemos recordar que el propósito de la crítica constructiva no es juzgar a los demás, sino ayudarlos a acercarse más a Dios. No para hacer que sus vidas y opiniones sean como las nuestras, sino como las de Dios.

Después de que nos negamos a murmurar y elegimos no juzgar, todavía queda una tarea más que realizar: debemos estar seguros de nuestro llamado particular.

ESTAR SEGUROS DE NUESTRO LLAMADO PARTICULAR

Un día me encontré por casualidad con una amiga en el almacén. Después de unos minutos de simple parloteo, le comenté que tenía que ayudar a mi hijo a finalizar un proyecto esa misma noche porque durante el fin de semana tendría que viajar a una conferencia en la que me tocaba predicar. De repente su tono cambió y empezó a regañarme: «Yo no sé cómo puedes sentirte bien con esa cuestión de dejar a tus hijos de esa manera». No recuerdo los otros detalles de nuestra conversación después de eso, solo que el peso de sus palabras ahogó la vida que había dentro de mí. No era la primera vez que alguien me cuestionaba de ese modo. Pero me había agarrado con la guardia baja y me convencí de que el mundo entero estaba en mi contra. Mi corazón y mi espíritu se encontraban aplastados.

Llegué a casa y tomé mi Biblia. *Jesús* —oré— *estoy cansada de que me cuestionen por esto. Cada vez que lo hacen me siento desanimada. Pero esta vez simplemente quiero dejar todo. Por favor, muéstrame algo en tu*

Palabra que, o bien me dé una cachetada en la cara con la realidad de que
tengo que abandonar el ministerio, o de lo contrario me muestre algo que
confirme que debo seguir adelante.

Abrí mi Biblia y me puse a leer sobre el joven rico en Lucas 18. Para ser sincera, estaba un poco confundida porque no veía cómo mi respuesta podría provenir de esta historia que tantas veces había leído. Justo cuando estaba a punto de dar vuelta a la página encontré los versículos 29 y 30 al final de la historia: «Les aseguro —respondió Jesús— que todo el que por causa del reino de Dios haya dejado casa, esposa, hermanos, padres o hijos, recibirá mucho más en este tiempo; y en la edad venidera, la vida eterna».

Yo estaba pasmada. Quería escribir este texto en un póster tamaño gigante, llevarlo en mi bolso, y la próxima vez refregárselo en la cara a la criticona del almacén. Me veía a mí misma agitándolo por encima de mi cabeza y diciendo: «Amo a Jesús y amo a mi familia, y eso es bueno, hermana. Es muy bueno».

Está bien, tal vez no me veo llamándola «hermana». Podría sentirme tentada a decirle «cara de vinagre». Pero evidentemente, como estoy escribiendo un capítulo sobre cuidar nuestras palabras, elijo llamarla «hermana». Como verás, continuamente aprendo.

En las semanas siguientes continué buscando la confirmación de Dios. Luego me topé con un comentario en mi blog, escrito por una mujer cuyo llamado es muy diferente del mío; sin embargo, su convicción era la misma. Elizabeth es una querida mujer con un llamado a escolarizar a sus diez hijos en su hogar, pero ella también está molesta por cómo las mujeres hieren a otras mujeres.

> Nos comemos unas a otras. Emitimos juicios de opinión y luego acusamos. ¿Se viste del modo en que una cristiana debe vestir? ¿Usa el cabello como una cristiana debería usarlo? ¿Asiste a la parroquia o a la iglesia «correcta»? ¿Administra sus finanzas de manera «correcta»? ¿Pasa su tiempo en la forma «indicada»? ¿Tiene la cantidad suficiente de hijos, espaciados entre sí de la manera «adecuada»? Si las respuestas no encajan en lo que nosotras hemos decidido que es la santidad, nos tragamos a la mujer y luego la escupimos con disgusto.
>
> Y nos convertimos en mujeres de opinión, no de convicción, para usar una frase acuñada por Colleen Mitchell. Nos convertimos en mujeres tan preocupadas por juzgar y condenar, que derribamos *nuestros* hogares con nuestras propias manos. El espíritu de condenación domina el mismísimo ser de la mujer y corroe la amabilidad,

tranquilidad y bondad que su familia merece. Se vuelve una mujer amargada y su vida acarrea fruto amargo [6].

Tal vez tú hayas luchado para no convertirte en esa mujer amargada que pugna con tener su murmuración y su juicio en contra de los demás. Dios llama a las mujeres a marcar una diferencia en este mundo. Sea cual fuere el lugar del mundo al que el Señor nos haya llamado, debemos encontrar gozo allí y resistir el impulso de tratar de imponer nuestra manera de vivir. Cuando permitimos que nuestra mente se meta donde no debe, resulta doblemente difícil abstenernos de juzgar y criticar.

Quizás hayas sido herida por la amargura de una mujer de opinión. Ya sea que trabajes fuera o desde tu casa, o tu ocupación principal sea atender el hogar; ya sea que tus hijos vayan a una escuela pública, privada o se eduquen en tu casa; ya sea que estés soltera, casada o te unas al circo y vivas en las rutas ... ¡hazlo para la gloria de Dios! Mientras estés en el lugar que Dios te ha llamado a ocupar y él te esté usando, descansa tranquila y deja que las críticas de las demás te resbalen. Créeme, sé lo difícil que es lograrlo. Pero también sé lo liberador que puede llegar a ser.

Negarnos a murmurar, elegir no juzgar y sentirnos seguras de nuestro llamado nos abrirá el camino a la clase de amistad que todas deseamos. Aunque hoy me siento muy bendecida por las amigas que tengo, te diré que he pasado por algunas épocas muy duras de soledad, traición, heridas y dolor. Si enfrentas luchas a causa de verte rodeada de amigas como las que hemos mencionado en este capítulo, por favor, pasa algún tiempo orando para que Dios te bendiga en esta área de tu vida. Mientras tanto, sé la clase de amiga que tan desesperadamente deseas tener. Dios al final honrará tu deseo y te bendecirá con amigas que no critiquen, elijan no juzgar y estén seguras de su llamado personal de modo que no traten de hacerte retroceder en el tuyo.

Sé la clase de amiga que tan desesperadamente deseas tener.
Dios al final honrará tu deseo.

DEBES DESCUBRIR EL PLAN SUPERIOR QUE DIOS TIENE EN CUANTO A LA AMISTAD

Dios tiene un plan precioso para las personas que trabajan juntas; y aprender a usar bien las palabras forma gran parte de él. Deberíamos ser sabias y prestar atención a las palabras del apóstol Pablo: «Eviten toda conversación obscena. Por el contrario, que sus palabras contribuyan a la necesaria edificación y sean de bendición para quienes escuchan» (Efesios 4:29). Fuimos diseñadas de manera original para sentirnos atraídas a desarrollar amistad con ciertas personas. Las razones van más allá de simplemente disfrutar la vida juntas. Somos llamadas a edificarnos una a la otra para poder ayudarnos en el servicio a Dios de manera más eficaz.

Podemos elegir promover la cooperación que edifica el reino de Dios antes que involucrarnos en la crítica que lo destruye. Si contarle al mundo acerca de Jesús es nuestro verdadero objetivo en la vida, entonces debemos mostrarnos deseosas de cooperar en la manera singular en que Dios guía a las personas para hacer que eso suceda. No obstante, si nuestro objetivo es demostrar que nuestra manera de vivir la vida cristiana es la única, entonces de pronto nos volveremos mujeres de mirada crítica y lengua afilada que juzgarán a todos los demás a través de sus normas equivocadas.

«Un estudio de la universidad UCLA sugiere que las amistades entre mujeres son especiales. Ellas nos moldean en cuanto a quiénes somos y lo que hemos de ser. Calman nuestro turbulento mundo interior, llenan los vacíos emocionales de nuestro matrimonio y nos ayudan a recordar quiénes somos en realidad» [7]. ¡Qué regalo!

¿Por qué querríamos cambiar la belleza que toda esa amistad tiene para ofrecernos por solo unas palabras descuidadas? Tal vez todas haríamos bien en conseguirnos un helado, aparecernos en el hall de la casa de nuestras amigas, y pasar unos minutos entrelazando nuestros dedos y prometiendo nunca murmurar, juzgar o procurar distraernos la una a la otra del llamado de Dios. Y jurar por nuestra vida cerrar la boca.

PARTE IV

EN MIS LUCHAS

Podría haber tomado distintos rumbos cuando escribí esta sección, porque soy una mujer con las hormonas altas y también con grandes expectativas sobre cómo quiero que sean las cosas. Y esa dicotomía me viene bien. Pero terminé escogiendo los tres temas que elegí: Alabar a Dios, mantener un corazón agradecido y perseverar cuando Dios hiere mis sentimientos; porque son los que más me han ayudado en mis luchas cotidianas.

Hago bien en evitar lo que considero los «pecados capitales»: adulterio, asesinato y robo. Pues son los pecados más sutiles de la mente y el corazón los que me hacen tropezar. Por supuesto que todo pecado es grande porque me separa de Dios. ¿Sabías que el mismo nombre Satanás significa «uno que lanza algo entre dos para causar separación»? Y sus planes apuntan directo a mis debilidades.

Quiero mantener buena mi actitud, cuidar que mis horarios sean manejables, tener las emociones bajo control y amar como loca a las personas que están más cerca de mí. Pero entonces saco una carga de ropa de la secadora y veo manchones rojos en toda la ropa favorita de mi hija mayor. Se deben a un lápiz labial rojo que su hermana menor puso descuidadamente en el bolsillo de una chaqueta justo antes de meterla en la lavadora. ¡Por favor!

Si me vieras allí de repente jamás te darías cuenta de que he ido a la iglesia los últimos cinco domingos. Mi carnalidad surge, echa a las patadas del lavadero todo buen estudio bíblico realizado, y arranca de mi mente cada versículo que he memorizado sobre la paciencia. Me rebelo y comienzo a actuar como una loca. Loca, de veras. Y odio esa clase de locuras. Es el tipo de locuras que me mantiene despierta por la noche, prometiendo mejorar. Pero luego me sucede de nuevo y la vergüenza, la culpa y los sentimientos de desagrado me hacen volverme a Dios y considerarme un fracaso.

Si alguna vez has pasado por eso, cobra ánimo. De una loca a otra, puedo decirte que hay esperanzas. Podemos apretar el botón de «borrar» para esas emociones que nos hacen actuar como locas. Solo algunos cambios de perspectiva y algunos nuevos patrones bíblicos de pensamiento pueden lograr una gran diferencia. Una diferencia de todos los días. ¿Lista para comenzar a aprender qué hacer cuando sale lo peor de ti, cuando pierdes el camino y cuando Dios hiere tus sentimientos? Yo también estoy lista.

CAPÍTULO 10

CUANDO AFLORA LO PEOR DE MÍ

Ni siquiera podía culpar a las hormonas. Fueron demasiadas cosas, ocurrieron muy rápido, en un período sumamente breve, y con muchas personas determinadas a ponerme los nervios de punta.

Te lo diré con oraciones simples. Y mientras lees mi lista, fíjate si sientes un poco de empatía conmigo. Porque estoy convencida de que si hay algo en lo que las mujeres nos parecemos, es en la realidad de que la vida no siempre resulta tan bella.

Se estropea la computadora.
Alguien olvida un cumpleaños.
La cafetería está cerrada.
Los niños hacen berrinches.
Los pantalones me quedan
    ajustados.
Engordé unos kilos.
Me siento herida.
Estoy de mal humor.
El perro tiene pulgas.
Hay hormigas en la despensa.
La cabeza me estalla.
Me interrumpieron la siesta.
Mi hermana se enojó.
Llegué tarde.
El auto está sucio.
Aumentó la gasolina.
Me esperan trámites urgentes.
Me falta tiempo.

Tengo un turno con el médico.
Me siento en la sala de espera.
Me siento en la sala de espera.
Me siento en la sala de espera.
Olvidé mis pertenencias en
    algún lugar.
Realizo una búsqueda
    infructuosa.
Me estrujo las manos.
La cocina está hecha un lío.
No hice las compras.
Hay pilas de papeles por
    todos lados.
Hay montañas de ropa
    para lavar.
La cena fracasó.
Me voy a la cama temprano.
Estoy totalmente exhausta.

Y, sí, todo eso y más ocurrió el día de mi cumpleaños. Todas las amigas suspiraron a coro: «Pobrecita».

Realmente deseo poder darle un efecto de santidad a la forma en que reaccioné ante esas situaciones. Me encantaría contarte que sonreí, conservé la calma, no les grité a los que amo y no lloriqueé porque se olvidaron de mi cumpleaños. Desearía poder decir que tomé el buen camino y manejé todo con gracia al tiempo que mi halo resplandecía.

Pero me temo que una sola palabra describe mi actitud general: «horrible».

Dado que días como estos son una realidad, ¿qué se puede hacer? En especial qué puede hacer una chica que trata de vivir las realidades de Jesús en medio de su vida diaria. La rutina de todos los días a veces se complica, se vuelve inconveniente, inoportuna y nos pone de mal humor, yo agregaría.

Una se dirige a la pastelería a comer su peso en chocolates, haciendo de cuenta que nunca antes ha oído la palabra «calorías». Simultáneamente llama a su amiga, que sabe que entenderá sus palabras arrastradas mientras se relame. Una bufa y berrea, deseando derribar toda su casa.

Yo sé de lo que hablo…

Pero no, después de mi horrible estallido de ira estaba tan agotada que ni siquiera quería ir a la pastelería. No quería ni siquiera olvidar la palabra «calorías». No quería llamar a mi amiga.

Necesitaba ayuda. Ayuda de verdad. La ayuda de Jesús. Tomé mi Biblia y me sinceré con Dios. *Ayúdame en este momento. Por favor, Señor, te pido que intervengas en mi reacción natural y carnal ahora mismo. Impídeme actuar según mis emociones y muéstrame cómo hacer que mi frustración y mi enojo se desvanezcan.*

No hubo rayos ni centellas. No resonó ninguna voz desde el cielo. No hubo llamadas telefónicas para contarme sobre reparaciones inmediatas. Y ciertamente no sentí una pérdida súbita del apetito en lo que a chocolate se refiere. Entonces esperé.

Desde el otro lado de la sala oí el sonido de mi computadora, avisándome que había entrado un e-mail. Como era lo primero que ocurría después de mi oración, decidí ir a investigar. El e-mail era un pedido urgente de oración por la familia de una compañera escritora y de *blog*. Había perdido su batalla contra el cáncer.

Cuando hice click en el link de su blog, quedé absorta al ver su nombre con dos fechas debajo. Una era la fecha de su nacimiento. La otra, una fecha que yo misma había escrito en cientos de formas y celebrado con muchas tortas: mi cumpleaños… y coincidía con la fecha de su partida a casa.

Dado que un blog es como un diario íntimo en línea, pude leer bastante acerca de su vida. Lo que ella pensaba y sentía antes de enfermarse. Lo que ella pensaba y sentía después del diagnóstico. Había fotos alegres de su vida con sus seres queridos y fotos duras que tenían que ver con su permanencia en una cama de hospital con sus amados alrededor cantándole himnos. Todo eso ocurrió durante el pequeño guión que había entre las dos fechas.

EL GUIÓN

No soy la primera persona que se siente cautivada por el guión entre las fechas que marcan la longitud de la vida de una persona. Leí un poema que también lo menciona, y oí a mi pastor predicar un sermón sobre eso. Pero ese día me golpeó más que ninguna otra vez. Una simple marca entre dos fechas que ahora contenían la duración total de una vida.

Una vida completa, llena de decisiones, que ahora serían su legado.

Al seguir leyendo el blog de mi amiga me topé con una entrada escrita por su hija. En ella contaba acerca de un día particularmente difícil en el que había tomado su Biblia y llorado delante de Dios de la misma manera en que lo había hecho yo solo unos minutos atrás. Solo que la Biblia que ella había tomado estaba en un estante al costado del lecho de su madre moribunda. La Biblia de su mamá se abrió en una página en la que había una nota autoadhesiva que citaba este pasaje:

> *Alaba, alma mía, al SEÑOR; alabe todo mi ser su santo nombre. Alaba, alma mía, al SEÑOR, y no olvides ninguno de sus beneficios. Él perdona todos tus pecados y sana todas tus dolencias; él rescata tu vida del sepulcro y te cubre de amor y compasión; él colma de bienes tu vida y te rejuvenece como a las águilas* (Salmo 103:1-5).

El Señor me habló por esa Escritura, por la entrada del blog, por su hija, por mi amiga y su vida, y por el anuncio de su fallecimiento que saltó en la casilla de entrada de mis correos justo en el momento en que yo había clamado a él. Y este pasaje resumió todo lo que yo tenía que hacer en mi horrible momento: *Alabar al Señor y recordar cómo él me perdona, me sana, me redime, me ama, tiene compasión de mí, satisface mis deseos de muchas buenas formas y renueva mis fuerzas.*

Decir que estaba asombrada sería quedarme corta.

Sentí como si de repente estuviera bebiendo un agua que brotara a raudales de una manguera de incendios. ¡Tantas lecciones de vida me llegaban con gran velocidad! Pero la mayor de ellas fue que fácilmente podría no haberme percatado de que había recibido la respuesta directa a mi oración. Había orado pidiendo que Dios me ayudara y que interviniera en esa reacción natural de la carne. ¿Pero qué habría sucedido si yo no hubiera unido los puntos entre mi oración y aquel e-mail? Entendí de pronto que Dios está siempre presente, siempre atento, siempre disponible y siempre participando activamente en nuestras vidas si tan solo tomamos la decisión de verlo, de realmente verlo.

DIOS ESTÁ CON NOSOTROS, AUN CUANDO NO PODEMOS SENTIRLO

Cuando asoma lo peor de mí, a menudo tiendo a pensar que Dios me abandona. No lo culparía. ¿Quién no querría alejarse de alguien que tiene un corazón desagradecido y una actitud horrenda?

Pero Dios tiene demasiada gracia como para irse. La gracia no me da un pase libre para actuar como quiera, sin que importen sus mandamientos. Sin embargo, la gracia me brinda consuelo en el momento, y me planta ante el desafío de aprender de esa situación y ser más madura en el futuro.

La gracia es el azúcar que ayuda a tragar las píldoras amargas de la confesión y el arrepentimiento sin que uno se atragante. Por ese motivo el escritor de Hebreos dice: «Así que acerquémonos confiadamente al trono de la gracia para recibir misericordia y hallar la gracia que nos ayude en el momento que más la necesitemos» (Hebreos 4:16). La gracia es la razón por la que puedo ir a Dios rápida e inmediatamente (*antes* de ser limpiada) y pedir ayuda con confianza. En medio de mi desastre, Dios está allí.

La gracia es el azúcar que ayuda a tragar
las píldoras amargas de la confesión y el arrepentimiento
sin que uno se atragante.

Cuando estoy de malhumor y al límite de mis fuerzas, a menudo no siento a Dios. Pero la realidad es que él está conmigo. Y todo lo que tengo que hacer para sentir su presencia es reconocerla, pedir ayuda y tomar la decisión de alabarlo a pesar de mis sentimientos.

La alabanza equivale a su presencia

Las tres palabras que tienen el mayor potencial de cambiar nuestras vidas en toda la Biblia son «Alaba al Señor». La alabanza es la clave que libera el carácter de Dios en la peor de las actitudes y en la más oscura de las situaciones. La Biblia dice que Dios habita en las alabanzas de su pueblo (Salmo 22:3). En otras palabras, donde hay alabanza puede sentirse la presencia de Dios. ¿Y qué trae su presencia? El fruto de su carácter: amor, gozo, paz, paciencia, bondad, benignidad, fidelidad y ejem… ejem… dominio propio (Gálatas 5:22-23).

Satanás se deleita en nuestra ansiedad, enojo y frustración y le encantaría que las tinieblas permanecieran sobre nuestros corazones y mentes. Dentro de nuestra oscura fealdad él engendra todo lo opuesto al carácter de Dios: odio, desánimo, temor, impaciencia, grosería, egocentrismo, autoconfianza, hostilidad y un accionar fuera de control.

Pero tan pronto como alabamos a Dios, Satanás huye. La alabanza empuja esas cortinas negras y sopla vida fresca dentro de un alma débil y cansada.

UNA VERIFICACIÓN DE LA ALABANZA

Casi puedo oír tus pensamientos… *Ah, vamos Lysa, ¡lo último que quiero hacer cuando aflora lo peor de mí es alabar a Dios!* Coincido contigo, lo último que *yo* quiero hacer en esos momentos difíciles es alabar a Dios. Por eso tengo que realizar un esfuerzo consciente para lograrlo.

Por favor, escucha mi corazón. No procuro alentar a nadie a que se vuelva falso en cuanto a esto. No quiero decir que todos andemos por ahí con sonrisas acartonadas diciendo:

Gracias Señor por este cáncer.

Gracias Señor porque se me rompió el auto.

Gracias Señor por este aprieto económico.

Gracias Señor por esta cuenta inesperada.

Gracias Señor por la rabieta de mi hijo.

Gracias Señor por esa persona que habló mal de mí a mis espaldas.

No. No creo que tengamos que simular que nos sentimos felices con nuestras circunstancias. Eso hace que la gente del mundo sacuda su cabeza y considere a los cristianos gente demente.

A lo que me refiero es a que podemos alabar a Dios a pesar de nuestras circunstancias. Alabarlo a él, no a las circunstancias. Nota cómo las frases mencionadas se vuelven más sinceras cuando Dios está en el centro y no nuestras circunstancias:

Dios, las circunstancias cambian, pero te alabo porque tú nunca cambias.

Dios, te alabo porque nunca me abandonas.

Dios, te alabo porque eres absolutamente confiable.

Dios, te alabo porque estás conmigo en este momento y estarás en mi mañana también.

Dios, te alabo por ser la sabiduría en la que me puedo apoyar cuando yo no tengo nada.

Dios, te alabo por tu amor y compasión que nunca fallan.

Esta clase de alabanza reconoce que en tanto que una circunstancia puede ser difícil, Dios aún está en el control. Como una amiga mía me dijo una vez: «Debemos continuar eligiendo operar en la soberanía de Dios. Así es como hacemos las cosas por aquí».

No creo que tengamos que simular que nos sentimos felices con nuestras circunstancias. Eso hace que la gente del mundo sacuda su cabeza y considere a los cristianos gente demente.

Me gusta esa declaración. Soberanía significa poder y autoridad. Me gusta decir que al alabar a Dios tomo la decisión de operar bajo el poder y la autoridad de Dios. Durante mucho tiempo me moví motivada por mis sentimientos y emociones, lo que me acarreó un montón de problemas.

Alabar a Dios produce resultados. Pero no tomes solo mis palabras. Desafié a las mujeres que leen mi blog a que probaran alabar a Dios la próxima vez que aflorara lo peor de ellas. Aquí vemos lo que algunas dijeron:

Bridgett: Lo peor de mí se manifestaba con mis hijos, así que pensé que mejor sería tomar un baño prolongado, escuchar alguna música de alabanza y volver con ellos cuando eso tan detestable hubiera abandonado la casa (o al menos cuando mi esposo llegara y pudiera hacerse cargo de los niños). Lamentablemente mis dos hijos continuaron interrumpiéndome; sin embargo, no les grité. Mi hijo acabó en mi habitación mirando televisión, de modo que no pude encender la radio. Pero lo peor de mí se debe haber hundido en la tina, ya que me encontré riéndome cuando salí del baño sin terminar de lavarme el cabello porque si lo hacía no escucharía a los niños. Dios es bueno y yo seguí cantando: «¡Él es poderoso para salvar, él es poderoso para salvar!»

Samantha: ¡Vaya! ¿Alabar a Dios cuando lo peor de ti sale a la superficie? Pensé que podría haber tenido una reunión de tabernáculo en la tienda Target ayer. ¿Quién dice que los niños no te acercan más a Dios? En serio, creo que hoy mismo lo pondré en práctica.

Teresa: Muchas veces he orado de esta manera… Aunque el bebé no ha pegado un ojo y mi casa es un desastre; aunque la cuenta bancaria está casi vacía y el baño rebalsa cada vez que lo usamos; aunque mi lista de quehaceres es interminable y mis energías están agotándose, ¡con todo me regocijaré en el Señor, y me deleitaré en Dios mi Salvador!

Aunque la alabanza a menudo no es la primera ni la décima opción que viene a nuestra mente cuando sucede lo peor, si la mantenemos en primer lugar en nuestro pensamiento, nos resultará más sencillo hacer esa elección. Así como cualquier otra disciplina, practicarla una y otra vez nos ayudará a que fluya de manera cada vez más natural.

Algunas preguntas clave

Aunque la alabanza es la mejor manera que he encontrado para desconectar mi mente, boca y corazón de modo que no se dirijan a lugares horribles, también tengo en cuenta otros cinco factores clave. Considera las cinco preguntas siguientes para ver cuál de estas condiciones te ha hecho susceptible a una situación desagradable recientemente.

¿Estoy muy cansada? Contar con el tiempo adecuado de descanso no es fácil para la mujer moderna ocupada; sin embargo, comprendo que no le estoy haciendo un favor a nadie si sacrifico mi descanso. No dormir lo suficiente debilita mis defensas e incrementa mi sensibilidad.

Si siento que estoy demasiado cansada, pongo como prioridad programar algo de tiempo para descansar. Aun cuando eso signifique que algunas cosas tengan que postergarse. He aprendido a rociar algunas prendas con Febreze en vez de lavarlas y dejar que mis hijos coman cereal a la hora de la cena como una manera práctica de hacer lugar para una siesta en alguna parte de mi día.

Es así de importante.

¿Tengo muchas obligaciones? Solo yo puedo responder sinceramente esta pregunta. Cuando me anoto para hacer algo, a menudo suena estupendo con muchos meses de anticipación. Luego llega esa semana y de repente entro en pánico. Me estrujo las manos y mentalmente me castigo por siquiera haber pensado que esa tarea sería una buena idea.

He aprendido que debo escribir en mi agenda las cosas que me he comprometido a hacer. Más aún, tengo que separar tiempo para prepararme. Si me he ofrecido a llevar algo de comida a la cena de maestros, solo debo bloquear mi agenda ese día. También preciso apartar algo de tiempo para hacer las compras y cocinar la comida.

¿He comprometido algunos de mis límites saludables últimamente? El verano pasado comencé a sentirme tensa, un sentimiento que me llevó a un patrón de respuestas poco amables hacia mis hijos. Cuando me senté tranquila y traté de discernir lo que había detrás de mi conducta, me di cuenta de que mis hijos se habían propasado con respecto a invitar amigos a casa. De pronto teníamos montones de chicos en casa todo el tiempo: comiendo, durmiendo y dando vueltas por ahí.

Queríamos que nuestra casa fuera un lugar en el que mis hijos y sus amigos pudieran pasar el tiempo. Pero debo establecer algunos límites saludables o comenzaré a sentirme invadida. No es mucho pedir que los chicos soliciten permiso antes de traer amigos a casa. Después de una reunión familiar en la que restablecimos los límites, comencé a sentirme mejor con respecto al orden en casa.

¿Hay algún pecado en mi vida que estoy evitando enfrentar? El pecado logra colarse en nuestros corazones y afectar nuestras mentes antes de que siquiera nos demos cuenta de que nos ha golpeado. Cuando sale lo peor de mí tengo que ser sincera conmigo misma y descubrir qué rol puede estar jugando mi pecado en la situación.

A veces simplemente voy demasiado lejos sin preguntarle a Dios si hay algún pecado en mí y sin pedirle perdón. Algo muy liberador es confesar abiertamente nuestras acciones, motivaciones y pensamientos incorrectos delante del Señor y pedirle que nos muestre cómo quitar esas cosas de nuestras vidas.

¿Tengo planeado algo interesante en mi agenda? Yo puedo arreglármelas con casi todo si veo que recibiré una recompensa por mi arduo trabajo. Si sé que voy a tener una semana particularmente agitada, me hago un espacio para la diversión en mi calendario que me mantenga con expectativas.

A veces es tan simple como alquilar una película para ver mi maridito y yo los dos solos. O puede ser una cena afuera con una amiga. O tal vez llevar a uno de mis hijos a la cafetería para darnos un gusto y conversar a solas. Y si el dinero lo permite, irnos de vacaciones. Cualquiera sea el regalo, tenerlo en la agenda ayuda a batallar contra lo malo.

Como dije al comienzo del capítulo, la vida no siempre es bella. Eso es un hecho. Y solo porque tú hayas leído este capítulo no significa que descubrirás una solución rápida para tus estallidos. Pero tal vez ahora, al menos, tendrás una luz de esperanza que te indique que es posible tomar decisiones más sabias con respecto a tus pensamientos, acciones y reacciones. Elecciones que incluyen ser sincera contigo misma y aprender el poder de la alabanza, especialmente cuando lo peor viene a golpearte.

Las computadoras seguirán rompiéndose, mis seres queridos seguirán olvidando mi cumpleaños, los niños seguirán haciendo berrinches, no me cerrarán los pantalones, los doctores me harán esperar y la ropa para lavar seguirá apilándose... nada de eso cambiará. Pero espero que algo dentro de mí haya cambiado. ¡Gloria a Dios!

CAPÍTULO 11

LA MANERA EN QUE JESÚS ME AYUDA A PONERME EN RITMO NUEVAMENTE

El verano pasado tuve la oportunidad de viajar con un equipo de Compasión Internacional a Ecuador. Yo quería ver con mis propios ojos la obra de esta organización misionera porque Proverbios 31 estaba considerando trabajar en conjunto con ella. Para ser franca, al principio no quería ir. Pero no me llevó mucho tiempo comprender que yo necesitaba a Ecuador más de lo que ese país me necesitaba a mí. Me había olvidado de tener en cuenta las bendiciones recibidas en mi vida y verlas realmente como bendiciones. Resulta irónico que cuando nos disponemos a ayudar a otros a menudo somos los que recibimos el mayor regalo.

El mayor don que he recibido en este viaje en particular vino de pasar un tiempo con una mujer que vive en una casucha en una montaña de las afueras de Quito. Algunas de las otras chicas de Proverbios 31 y yo tuvimos que subir por una escalera hecha a mano que se bamboleaba y crujía mientras ascendíamos a la caverna oscura a la que ella llamaba casa.

Los pisos eran de tierra. Las paredes, de piedra. Tenía dos habitaciones, una pequeña cocina y una alcoba. En la cocina había un hueco para el fuego, unos pocos estantes y una pequeña mesa. En un costado había grandes trozos de cartón que se usaban para tapar los agujeros del techo y de las paredes. Del otro lado había un catre en el que luego descubrí que dormían dos de sus cinco hijos.

En la habitación se encontraban dos camas más, dos cofres y un mueble rústico que hacía las veces de cómoda. Ella y su esposo dormían en una de las camas y sus otros tres hijos en la que estaba al lado. Yo uso la expresión «al lado» para referirme a cuando uno puede estirarse un poco y tomarse de la mano con la persona de la otra cama. Camas que, agregaría, eran para una sola persona.

Escuchamos con atención mientras nos contaba sobre su vida. Cada día ella se levantaba a las cuatro y media de la mañana para preparar el desayuno en esa especie de fogón. Su esposo se iba a las cinco de la mañana con la esperanza de encontrar trabajo. Una vez que él salía, ella levantaba a los niños y los preparaba para ir a la escuela. Era un gran sacrificio enviar a sus cuatro hijas y a su hijo a la escuela, pero ella y su esposo deseaban una vida mejor para sus hijos, y veían la educación como un componente clave.

Ella pasaba la mayor parte del día yendo y viniendo al mercado. No había manera de refrigerar los alimentos, así que debían comprar pequeñas cantidades cada día. Una vez a la semana llevaba la ropa de su familia varios kilómetros afuera de la aldea a un lugar de lavado. Después del lavado, debía emprender el viaje de vuelta, que le rompía la espalda, ya que tenía que subir la cuesta de la montaña con la ropa ahora mojada y otras cargas pesadas.

Cuando le pregunté cómo podía orar específicamente por ella, se echó a llorar. No eran lágrimas que implorasen lástima. Ni siquiera buscaban una contribución. Eran lágrimas de sincera preocupación por su familia.

A través del intérprete ella nos dijo: «Oren para que mi esposo conozca a Jesús y para que consiga un empleo. Y oren por mí para que siga teniendo las fuerzas que necesito para servir a mi familia».

Yo estaba asombrada por las peticiones de esa mujer. En su lugar, yo hubiera estado tentada a pedirle a Dios que cambiara mis circunstancias. Pero ella oraba simplemente por la provisión de Dios en medio de sus circunstancias. La vida de esa mujer y su oración constituían un desafío para mí. Su amable disposición y presencia apacible distaban mucho de mi propia actitud, que se tuerce ante los inconvenientes de la vida.

¡AH, LAS COSAS POR LAS QUE ME QUEJO!

¡El cielo no permita que Starbucks no haga mi café a la temperatura correcta! Ah, y es una verdadera lástima tener una lista tan larga de trámites y mandados que hacer. Quiero decir que resulta terrible manejar calle abajo, empujar un carrito, pasar por el esfuerzo mental de comprar la comida planificando sobre la marcha, llegar a casa, desempacar la mercadería y luego resolver qué cocinar a partir de una alacena y una refrigeradora rebosantes.

Y no nos olvidemos tampoco de la inmensa pila de ropa, del tratamiento de las manchas, del lavado, doblado y guardado. Acomodar todas esas prendas en armarios que hay que desempolvar primero, en habitaciones que hay que ordenar, con pisos que necesitan ser aspirados, resulta muy agotador a veces.

Sí, a veces me hace bien mirar desde una perspectiva externa mi vida, ya que conduzco una camioneta 4x4 y vivo en una casa de ladrillo.

Fui a Ecuador para dar. Pero en realidad ellos fueron los verdaderos dadores. Cuando regresé a casa me prometí nunca olvidar lo que había experimentado.

Pero luego la vida continuó. Los días y las semanas se convirtieron en meses, que al final fueron apagando mi nueva perspectiva. Y pronto me deslicé de nuevo hacia una mentalidad de que «la vida debe ser cómoda y práctica».

Un día en particular me encontraba cansada y rezongando, y no podía encontrar la explicación. Era una actitud áspera y tensa que hacía que pasaran por mi cabeza pensamientos como: «Si alguna persona más me pide algo, mi cabeza va a comenzar a girar tan rápido que se me saldrá del cuello».

Agradable, ¿no?

Quería estar bien para mi familia. Quería de veras poder sonreír y decir cosas lindas. Generalmente eso viene sin que uno lo intente. Pero en esa ocasión un desánimo emocional se había apoderado de mí. Como suelo hacerlo en momentos como ese, me senté con mi Biblia y le pedí a Dios que por favor interrumpiera mis sentimientos con su verdad.

Háblame Jesús, oré. *Ayúdame a procesar estos difíciles sentimientos que tengo.*

Solo una palabra vino a mí. Solamente una, que corrió por mi corazón y se estableció en mi espíritu. No era la palabra que yo esperaba, pero supuse que era la que necesitaba.

«Agradecimiento».

Me hizo soltar una risita ahogada, porque esa misma mañana le había dado un discurso a una de mis hijas sobre ser agradecida. Había dejado de lado mis cosas para hacer algo por ella y estaba desilusionada por su falta de aprecio.

«El agradecimiento debe estar tan arraigado en nuestros corazones que nos resulte tan natural como decir "¡Salud!" cuando alguien estornuda», dije. «No deberías tener que hacer un esfuerzo para recordarlo. La palabra "gracias" y otras palabras de consideración debieran estar en la punta de tu lengua esperando ser pronunciadas».

Ejem…

¿No te encanta cuando Dios te habla directamente a través de las mismas cosas que les estás enseñando a tus hijos?

Así que Dios tenía un discurso de una palabra para mí también: «Agradecimiento». A pesar de mi intento brillante con la analogía del estornudo (¿de dónde sacan esas cosas las madres?), el discurso de Dios fue breve y directo al punto.

De algún modo comencé a enumerar aquellas cosas por las que estoy muy agradecida. Me sentí tonta, demasiado elemental. Quería elaborar una profunda verdad teológica para reflexionar. Quería que un rayo de revelación me golpeara, alguna solución instantánea… una explicación lista.

Pero aquí estaba yo, haciendo este ejercicio básico.

Y cuanto más verbalizaba aquello por lo que estaba agradecida, menos sombrío se volvía mi corazón. No podía explicar mis sentimientos, y todavía no los entiendo, pero creo que verbalizar lo que me producía gratitud fue lo que me sacó de ese hoyo de autocompasión.

Tomé decisiones a pesar de mis sentimientos. Tomé la determinación de levantarme e ir a poner la ropa a lavar, de ir de compras, de hacer la comida, de atender todos los trámites y de invertir en los niños. Y a medida que verbalizaba mi gratitud durante cada una de esas tareas, comenzaba a encontrar los tesoros envueltos adentro. Pronto recordé a mi amiga de Ecuador, y toda aquella perspectiva que había adquirido (y luego perdido) comenzó a acomodarse nuevamente en su lugar.

De pronto me sentí muy agradecida por tener agua corriente y electricidad para poder lavar la ropa con solo atravesar la cocina, en vez de tener que caminar varios kilómetros para lograrlo.

Sentí gratitud por las bendición de tener toallas y sábanas y ropa limpia.

Estaba agradecida por el automóvil que me trasportaba de ida y vuelta al almacén. Estaba agradecida por tener dinero para comprar la comida que mi familia necesitaba. Estaba agradecida por tener brazos fuertes para poder levantar las bolsas de comida y llevarlas adentro. Estaba agradecida por tener una refrigeradora en la que guardar la comida.

Estaba muy agradecida por tener hijos sanos y por el privilegio de poder oírlos decir «mamá». Estaba agradecida por las interrupciones constantes y el pequeño desorden que se encuentra a cada paso en el ejercicio de la maternidad.

Estaba agradecida por mi hijo que tiene discapacidades, porque puedo ver que Dios aun usa esas pequeñas cosas para bien, para moldearlo con un propósito específico.

Estaba agradecida porque Dios abre camino para que vivamos nuestra vida fundados más en la verdad que en los sentimientos.

Y estaba verdaderamente agradecida de que los Vigilantes del Peso hicieran pequeñas tortas de chocolate de bajas calorías, y que mi almacén tuviera varias de ellas ese día.

El agradecimiento es precisamente la forma en que Jesús nos ayuda a ponernos en ritmo nuevamente.

ALABAR Y AGRADECER

En el capítulo anterior vimos que la alabanza es el secreto para vencer las dificultades de la vida. En este capítulo veremos que el agradecimiento es el secreto para hacer un ajuste en nuestra actitud, que no entremos en el desánimo. Cuando estalla lo peor de nosotros y nos hace desbordar; una actitud de desánimo nos lleva a cerrarnos.

¡Pero cobremos ánimo, podemos vencer ambas cosas! La alabanza y el agradecimiento trabajan codo a codo para recordarnos nuestra posición y nuestra promesa.

NUESTRA POSICIÓN

Somos el pueblo de Dios. A nivel personal a menudo debo traer a la mente que eso constituye un gran privilegio. En vez de permitir que a mis pensamientos los arrastren los problemas e inconvenientes de aquí y ahora, puedo elegir enfocarme en lo temporales que resultan comparados con la eternidad. El apóstol Pablo nos recuerda: «Pues los sufrimientos ligeros y efímeros que ahora padecemos producen una gloria eterna que vale muchísimo más que todo sufrimiento. Así que no nos fijamos en lo visible sino en lo invisible, ya que lo que se ve es pasajero, mientras que lo que no se ve es eterno» (2 Corintios 4:17-18).

Piensa en lo poderoso que resultaría tener una diminuta balanza que pesara los pensamientos y las palabras; las que estuvieran llenas de alabanza y agradecimiento serían puestas a un lado; las que estuvieran repletas de quejas y gruñidos en el otro. Yo sé de qué lado quiero que estén mis palabras. Quiero que mi meta diaria sea vivir en constante estado de adoración y gratitud a Dios.

Cada vez que me sienta frustrada quisiera decir: «Es cierto, esta circunstancia es una catástrofe. Pero como soy una hija de Dios, mi posición me permite ver más allá de ella y hallar razones para alabar a Dios y agradecerle de todos modos». Y como dice el apóstol Pablo, en vistas de la eternidad, ¿no son temporales todas las cosas que enfrentamos en la vida? Aun un año, dos años, diez años, no son más que vapor que se desvanece comparado con la gloriosa eternidad sin preocupaciones que nos aguarda junto a Jesús.

Nuestra promesa

Además de recordarnos nuestra posición, la alabanza y el agradecimiento nos recuerdan nuestra promesa. Dios es fiel y yo quiero vivir creyéndolo de verdad. ¿Recuerdas a mi amiga de Ecuador? Después que regresamos de Sudamérica guardé mi promesa de orar por ella. De hecho, Dios a menudo la trae a mi mente. Pero en aquel día en particular en que Dios me ponía delante el desafío de ser más agradecida, recordé su oración específica: que siguiera teniendo fuerzas para servir a las necesidades de su familia.

Allí fue donde entendí. Yo no podía simplemente orar y luego marcharme. Debía preguntarle a Dios qué rol, si es que lo había, deseaba él que yo jugara en cuanto a responder esa oración. Después de todo, tal vez no se esperaba que todo el ejercicio de agradecer acabara simplemente convirtiéndome en una persona más agradecida. Quizá toda esa sensación de decaimiento que me había llevado a rendirme delante del Señor y a desarrollar una mentalidad de agradecimiento incluyera una invitación a participar personalmente de la fidelidad de Dios.

Tomé el teléfono y llamé a Compasión Internacional, la organización con la que había viajado a Ecuador. «¡Un burro!», exclamé. «La mujer que visité necesita un burro, y yo quiero comprarle uno».

Dios es fiel. Esa es su promesa. Él fue fiel en proveer para mi amiga. Y en ese momento mi corazón se ensanchó de gozo y adoración en una dimensión épica.

Las malas actitudes engendran malas actitudes. Los corazones gruñones engendran más corazones gruñones. La ingratitud engendra más ingratitud.

Las malas actitudes engendran malas actitudes.
Los corazones gruñones engendran más corazones gruñones.
La ingratitud engendra más ingratitud.

Por otra parte, alabar a Dios nos genera más razones para alabar a Dios. La gratitud engendra más gratitud. Y una persona que diariamente practica tanto la alabanza como la gratitud tiene un gozo raro que pocas personas poseen.

UN CAMBIO PARA VIVIRLO EN VOZ ALTA

Una persona que tiene una vida que se caracteriza por la constante alabanza y el agradecimiento a pesar de sus circunstancias, pasará de solo verbalizar su alabanza y acción de gracias a vivirla en voz alta a través de su firme posición en Cristo. El libro de los Hechos contiene una increíble historia de dos personas que constituyen una ilustración perfecta de este punto.

La historia gira alrededor de Pedro y Juan, que acababan de sanar a un mendigo paralítico. Lo sanaron. No te apresures a pasar de largo esta parte. Un hombre que no podía caminar era llevado a la puerta del templo cada día para mendigar ante los transeúntes. Un hombre confinado a ese cuerpo, ahí tirado con la mano extendida. Sin duda estaba sucio, lo pisaban, no lo tomaban en cuenta, lo dejaban de lado y lo ignoraban.

Pero un día, dos hombres que amaban a Jesús se determinaron a ser más que buenos chicos de escuela dominical; lo vieron y pararon. El mendigo les pidió dinero. Pero Pedro y Juan lo miraron directo a los ojos: «No tengo plata ni oro —declaró Pedro—, pero lo que tengo te doy. En el nombre de Jesucristo de Nazaret, ¡levántate y anda!» (Hechos 3:6).

¡Y, quién lo hubiera dicho, el hombre se puso de pie de un salto y comenzó a caminar!

Como podemos imaginar, eso causó todo un alboroto en la puerta del templo. Algunos que pasaban por allí estaban asombrados. Otros quedaron muy perturbados, en especial cuando Pedro y Juan les dijeron a todos que el poder que les había permitido sanar al mendigo venía directamente del Jesús resucitado.

Los sacerdotes y los saduceos, muchos de los cuales habían tomado parte en el arresto y la crucifixión de Jesús, estaban indignados. Pusieron a Pedro y a Juan en la cárcel. Con todo, a pesar de la oposición, «muchos de los que oyeron el mensaje creyeron, y el número de éstos llegaba a unos cinco mil» (Hechos 4:4).

Luego las Escrituras revelan un versículo tan agudo que casi no puedo quitarlo de mi mente. «Los gobernantes, al ver la osadía con que hablaban Pedro y Juan, y al darse cuenta de que eran gente sin estudios ni preparación, quedaron asombrados y reconocieron que habían estado con Jesús» (Hechos 4:13).

Me sentí forzada a detenerme. A tomar distancia de mi propia vida. A reflexionar un poco y hacer algo de introspección.

¿Qué fluye de mi vida? ¿Una actitud frustrada y gruñona? ¿O alabanza y acción de gracias? Durante el curso de mis días ordinarios, ¿la gente ve mi reacción ante las situaciones y nota que he estado con Jesús?

Pedro y Juan prosiguieron diciendo: «Nosotros no podemos dejar de hablar de lo que hemos visto y oído» (Hechos 4:20).

Ahora bien, no nos equivoquemos, eso también constituyó un proceso para Pedro y Juan, como lo es para todos nosotros. No olvidemos que unos capítulos antes en la Biblia, todos los discípulos decepcionaron a Jesús en cierto grado, y hasta Pedro negó conocerlo.

Pero después que se encontró con el Jesús resucitado, todas sus dudas se disiparon. Los discípulos exclamaron: «¡Hemos visto al Señor!» (Juan 20:25), y el glorioso coraje que eso les infundió en el corazón los llenó de alabanza, agradecimiento y la promesa de llevar el mensaje de Jesús hasta los confines de la tierra.

Pedro y Juan confiaban tanto en su posición como hijos de Dios y en su promesa de fidelidad que la alabanza y la gratitud se convirtieron en su estilo de vida. Las circunstancias posteriores a la resurrección no fueron nada fáciles, incluso eran peligrosas. Se sintieron acosados y amenazados de maneras que no podemos alcanzar a comprender. Y aun así su respuesta fue proclamar con valentía desde sus corazones rebosantes de alabanza y gratitud: «Nosotros no podemos dejar de hablar de lo que hemos visto y oído». Era el resultado del desborde de agradecimiento en sus vidas y se convirtió en su rutina.

Lo creas o no, eso nos conduce directamente al tema de este capítulo: «¿Cómo me ayuda Jesús a ponerme en ritmo nuevamente?» ¿Sabes cuál es la definición de ritmo? «Una rutina fija».

¿Cuál es la rutina fija y la inclinación natural de nuestro corazón? ¿Es la alabanza y la acción de gracias por ver y contar las bendiciones en nuestra vida? ¿O es andar refunfuñando y quejándonos porque consideramos nuestras bendiciones como cargas constantes que debemos llevar? ¡Ah, qué desafío me plantea este pensamiento! ¡Cómo desearía ser como los apóstoles, tan empapados de gratitud que la gente notaba que habían estado con Jesús! La verdad de Dios resultaba viva, activa y visible en sus vidas. ¿Cómo podría eso convertirse en una realidad para nosotras también?

¡Cómo desearía ser como los apóstoles,
tan empapados de gratitud que la gente notaba
que habían estado con Jesús!

Seamos una mujer de Ecuador, que sube la cuesta sobre un burro, o una mujer de los Estados Unidos, que conduce una 4x4 para hacer los mandados, permitamos que la rutina fija de nuestra vida esté compuesta de alabanza, agradecimiento y una presencia evidente de Jesús que fluya desde adentro. ¿Es fácil lograrlo? No señoras. ¿Volveremos a encontrarnos ante el desafío de deslizarnos otra vez hacia la rutina acostumbrada de quejarnos y rezongar? Posiblemente sí. Entonces, asegurémonos de verbalizar con determinación nuestras acciones de gracias a Dios cada día. Recordemos: la gratitud engendra gratitud. Cuanto más la practiquemos, más viviremos agradeciendo en voz alta. Y cuanto más la vivamos en voz alta, más se convertirá la gratitud en el ritmo natural de nuestro corazón.

CAPÍTULO 12

CUANDO DIOS HIERE MIS SENTIMIENTOS

No conozco otra manera de decirlo, así que lo diré sin vueltas. A veces Dios hiere mis sentimientos. Ahora, escúchenme bien. No lo digo de un modo irreverente. Sé bien cuál es mi lugar y tengo una reverencia santa por Dios. Pero andar con pie de plomo con respecto a mis reacciones instintivas y simular que está todo más que bien no fomenta una conexión auténtica entre mi corazón y el de Dios. Así que soy sincera en mis conversaciones con él, porque sé que él puede manejarlo.

Por supuesto que cuando soy completamente franca con Dios tengo que prepararme para su respuesta sincera también. No quiero decir que Dios sea falso algunas veces. Es solo que cuando soy más audaz en derramar mi corazón delante de él, también es más audaz su respuesta hacia mí.

LA AUDACIA ES HERMOSA

Me gusta lo audaz. Y me gustan las respuestas audaces de parte de Dios , porque me ayudan a saber que es su voz la que está hablando y no la mía. Mis pensamientos me dicen que acomode mi autocompasión próxima a un gran pote de helado de chocolate y que coma hasta sentirme mejor. O que me arme de mi tarjeta de crédito y marche hacia la tienda, abandonando toda prudencia. ¿Te suena familiar?

Aunque Dios ha sido audaz conmigo muchas veces, las situaciones que más recuerdo son aquellas en las que estaba desilusionada por alguna circunstancia de la vida, a menudo un conflicto con otra persona, y le llevé mis frustraciones a él. Oraba que Dios cambiara la situación y mejorara las cosas. Pero una y otra vez Dios me mostró que quería que yo aprendiera a mirar las cosas desde su posición estratégica y no desde mi perspectiva egocéntrica.

Cuando soy más audaz en derramar
mi corazón delante de él,
también es más audaz su respuesta hacia mí.

Hace unos años tuve una experiencia que me dolió en el alma y corrí directo a Dios con un balde lleno de reacciones sinceras. Me habían dado la oportunidad de trabajar en un proyecto con el que había soñado por mucho tiempo. Años de trabajo duro habían preparado el camino para esta oportunidad. Todo estaba listo. Y luego llegó la llamada.

Cancelado.

No el proyecto. El proyecto continuaría. Pero *mi* parte en él había sido cancelada. No podía entender qué había salido mal. ¿Había hecho algo que causara que ellos dudaran de mí?

Nada de eso tenía sentido hasta que meses más tarde me llamó la mujer que había sido tenida en cuenta para el proyecto en mi lugar. Me confesó que había tenido una conversación con el jefe del proyecto en la que ella le pintó una imagen no muy buena de mí. Y ahora se sentía malísimamente y quería pedirme perdón.

Yo quería darle algo enseguida, pero ese algo no era precisamente mi perdón. Consideré que había sido positivo que ella me llamara y admitiera lo que había hecho, pero eso no cambiaba el hecho de que la oportunidad para el proyecto que yo anhelaba se hubiera ido para siempre.

Hice que mi boca dijera las cosas correctas, pero la sensación punzante en mi corazón pronto maduró hasta convertirse en amargura contra esa mujer, contra la empresa que le había prestado atención y hasta contra Dios. Como en tiempos pasados, le comuniqué con valor mi enojo y mi angustia a Dios. Y él fue igual de valiente conmigo. En el mejor sentido. Me mostró tres cosas:

Trató con mis percepciones equivocadas sobre la situación, ayudándome a verla desde otra perspectiva. Mi percepción era que aquella mujer había actuado muy mal al hablar en contra de mí. La percepción de Dios era que él podía sacar algo bueno incluso de eso. Él no necesitaba que yo contara con esa oportunidad para expandir mi ministerio. Él podía fácilmente hacerlo de otras maneras. Pero necesitaba obrar en el corazón de ella, de modo que usó esa situación para llevarlo a cabo.

Me ayudó a comprender que el pecado había nublado mi visión y yo estaba negándome a reconocer mi parte. Si he de ser completamente sincera, lo que más me molestaba era sentir que yo me había ganado esa oportunidad y que la merecía. Se suponía que esa oportunidad era mía.

En realidad, todas las oportunidades son regalos de Dios. Yo quería llevarme el crédito por algo que tenía poco que ver conmigo en primer lugar. Había confundido la noción en cuanto a de dónde había provenido esta oportunidad y quién había sido realmente el responsable de crearla. *Me mostró mi testarudez y mi negativa a extender gracia en mi esfuerzo por demostrar que yo tenía razón.* La otra mujer se había equivocado en lo que hizo. ¿Pero eso la descalificaba para obtener mi perdón? El problema era que yo quería que a ella le doliese tanto como me había dolido a mí. ¿Qué sucedería si Dios adoptara esa postura conmigo cada vez que yo cometía un error?

Soy una persona que necesita desesperadamente de la gracia; por lo tanto, debo también concederla libremente. No necesitaba demostrar que yo tenía razón y retener mi perdón para castigarla. Dios estaba tratando con ella por lo que había hecho. Mi responsabilidad era extender gracia y tomar la decisión de seguir adelante.

Todavía no puedo decir que entiendo completamente por qué ocurrió todo eso. Y aunque me gustaría cerrar la historia con un bonito moño y mostrarte el regalo de una mejor oportunidad que me hubiera llegado luego de aquella, no puedo hacerlo. Pero sí puedo decir que aprendí lo horrible que es la envidia. Y créeme, esa situación hace que me detenga cada vez que la envidia me invita a jugar con ella. Lo que constituye un regalo hermoso y audaz.

PROFUNDO PESAR

A veces cuando el dolor y la desilusión llegan, causan un pánico temporario que sube y baja, en una especie de marea. Como el caso que recién conté. Los sentimientos heridos escalaron, llegaron a la cresta, produciendo algo de nerviosismo y turbación, pero lentamente se desvanecieron. Al final, pude notar que Dios me hizo crecer mediante ese suceso, y terminé agradeciéndole por ese crecimiento.

Sin embargo, otras veces el dolor llega en forma de una pérdida que nos parte el corazón de una manera tan brutal que redefine para siempre lo que somos y nuestro modo de pensar. Es lo que yo llamo un profundo pesar. La clase de dolor que modifica todo lo que siempre hemos creído. Nos preguntamos de qué manera esas promesas que parecían muy reales ayer en las delgadas páginas de la Biblia podrían abrirse camino hoy debajo del peso de la enorme tristeza.

Una vez me tocó estar junto a un ataúd muy chiquito como para poder aceptarlo: el que contenía a mi pequeña hermana Haley. Había rosas rosadas por todas partes. Y yo miraba a mi mamá que yacía tendida sobre el cajón negándose a dejarla ir. ¿Cómo pudo soportarlo? Parte de su corazón quedó dentro cuando sellaron ese ataúd, muy quieto y silencioso.

Tan solo unos días antes reíamos y hacíamos las cosas de todos los días, suponiendo que la vida se extendería por delante de nosotros por un período de muchos, muchos años. Y de repente todo se detuvo. Yo estaba paralizada.

En la agitación de realizar los planes para el funeral y el servicio memorial, operamos en piloto automático. Había gente por todas partes. Una charla suave llenaba los vacíos que nuestro silencio no podía llenar. Y trajeron comida como para alimentar a todo el vecindario.

Pero al final, la gente retornó a su propia vida. La charla suave se disipó. La comida dejó de llegar. Y nos vimos forzados a seguir adelante. Excepto que nuestro profundo pesar todavía nos envolvía, estrangulándonos la garganta y poniendo nuestros pies sobre barro espeso.

Recuerdo que traté de ir a un McDonalds y pedir una cajita feliz. Pero no pude. Me detuve en la ventanilla de expendio, dentro del vehículo, mientras la voz en el micrófono soltaba palabras que yo no lograba procesar. La mujer seguía preguntándome si podía tomar mi pedido.

Sí, yo tenía un pedido que hacerle. Que me quitara esos ojos enrojecidos de tanto llorar. Que se llevara mi deseo de golpear a los doctores que no habían podido salvar a mi hermanita. Que me quitara ese enojo contra Dios. Y que luego se llevara mi culpa por haber sido yo la que sobreviviera. Quería todo eso, sin cebollas y con Ketchup extra, por favor.

Me alejé sollozando. Cómo se atrevían a ofrecer cajitas felices. Nadie debía estar feliz hoy. Ni mañana. Ni el año próximo.

Esa es la realidad del profundo pesar.

Ya mencioné que me alejé de Dios en ese tiempo. Así es como mucha gente procesa la pérdida. Pero hasta he visto gente alejarse de Dios por situaciones como la primera que mencioné en este capítulo. La desilusión puede destruir a la gente.

Es comprensible, en realidad. Desde que somos niños se nos dice que Dios es poderoso para hacer todas las cosas, y leemos historias en las que Jesús ayuda a la gente. ¿Pero cómo elaboramos esas creencias ante la pérdida? Ya sea la pérdida de una oportunidad, la pérdida de una relación, la pérdida de la salud o la de un ser querido, las pérdidas de cualquier índole duelen.

Tratar de aceptar el hecho de que Dios podría haber impedido este dolor pero no lo hizo es algo así como tratar de atrapar el viento y hacerlo visible. Se trata de una respuesta que podemos pasar nuestra vida entera buscando sin jamás encontrarla. Y a veces esa búsqueda solo desgasta a las personas. Dan media vuelta y se marchan susurrando: «Yo lo intenté, Dios, pero simplemente a mí no me funcionó. Tú heriste mis sentimientos y no quiero tener nada más que ver contigo».

HACER LA PREGUNTA CORRECTA

Al mirar hacia atrás, a esa búsqueda posterior a la muerte de mi hermanita, puedo ver la razón por la que me resultó tan difícil encontrar una respuesta. Estaba haciendo la pregunta equivocada. Estaba preguntando *por qué*. ¿Por qué sucedió eso? ¿Por qué no lo detuviste, Dios? ¿Por qué mis oraciones no fueron respondidas? ¿Por qué?

Preguntar por qué resulta perfectamente normal. No es poco espiritual. Sin embargo, si hacer esa pregunta nos aleja de Dios en vez de conducirnos a él, entonces la pregunta es incorrecta.

Preguntar por qué no es poco espiritual.
Sin embargo, si hacer esa pregunta nos aleja de Dios en vez de conducirnos a él, entonces la pregunta es incorrecta.

En la mayoría de las situaciones no se saca nada positivo al tratar de dar respuesta a una pregunta que se inicia con un por qué. Si Dios nos diera sus razones de por qué lo hizo, lo juzgaríamos. Y sus razones, desde nuestra perspectiva limitada, siempre nos parecen insuficientes. Porque nuestras percepciones humanas simplemente no pueden procesar las razones multidimensionales y eternas de Dios. El Señor lo describe de este modo: «Porque mis pensamientos no son los de ustedes, ni sus caminos son los míos —afirma el SEÑOR—. Mis caminos y mis pensamientos son más altos que los de ustedes; ¡más altos que los cielos sobre la tierra!» (Isaías 55:8-9). No podemos ver el alcance real de la situación tal como Dios la ve, por eso debemos reconocer que sus pensamientos son más completos y que él es más capaz de discernir con precisión lo que es mejor en cada circunstancia.

En el caso de perder a un ser querido, el amor distorsiona hasta los aspectos más racionales de nosotros. Nuestro amor por la persona que perdimos nunca permitirá que las razones que tuvo Dios nos hagan sentir mejor o que entendamos la situación más plenamente. Todavía sentimos que Dios ha cometido un terrible error.

Entonces, si preguntar por qué no nos ofrece ninguna esperanza, ¿qué otra cosa puede ofrecérnosla? La pregunta *qué*. En otras palabras, ahora que esto ha sucedido, ¿*qué* se espera que haga con ello?

De toda pérdida podemos sacar algo bueno si tomamos la decisión de no resistir el proceso de nacimiento que se requiere para traer este bien a la vida.

Algo bueno al final resultó de la muerte de Haley. Puedo estar de pie aquí ahora, veinte años más tarde, y asegurarte que es así. Y también puedo asegurarte que eso bueno aún nos sigue llegando, en pequeña escala y de maneras inesperadas. La semana pasada mi mamá y yo tuvimos la conversación más increíble que jamás pensamos tener desde la muerte de Haley. Ambas experimentamos un avance espiritual que pensé que nunca llegaría.

Compartí con mi mamá el Salmo 139:16, que dice que toda persona tiene un cierto número de días que le fueron asignados: «Todo estaba ya escrito en tu libro; todos mis días se estaban diseñando, aunque no existía uno solo de ellos». Nada de lo que hagamos o dejemos de hacer puede agregar o restar a ese número de días. Ella finalmente pudo dejar de lado muchas preguntas y un sentimiento de culpa relacionado con los problemas médicos que causaron la muerte de Haley. Yo pude ver la belleza de Dios alcanzar a mi mamá de una manera nueva. Pero esa conversación se estuvo gestando durante veinte años.

LLEVA TIEMPO

Lleva tiempo. Aunque ames a Dios y creas en sus promesas. Aunque sepas sin lugar a dudas que volverás a ver a tu ser amado. Aun cuando sepas que la esperanza está allí.

Lleva tiempo.

Cuesta un océano de lágrimas.

Lleva encontrar esa pertenencia con el ser querido que creíste perdida, y comprender que Dios lo ha hecho solo por consolarte. Requiere descubrir un día que el sol todavía sigue brillando. Requiere que te descubras a ti misma con la guardia baja, sonriendo de pronto, y entiendas que está bien que lo hagas.

Requiere oración. Requiere que tomes la decisión de dejar de pedir respuestas y comiences a pedir una nueva perspectiva. Requiere decirles a las personas que por favor no eviten mencionar su nombre (tú quieres oírlo una y otra vez).

Luego, un día, te quitas ese manto de dolor profundo. Lo doblas prolijamente y lo guardas. Ya no lo odias ni lo resistes. Porque debajo de él han ocurrido cosas maravillosas.

Las preguntas que buscan un por qué han sido reemplazadas por las verdades de la Palabra de Dios. Los versículos que te aguijoneaban al principio ahora se han convertido en tu salvavidas. La presencia de Dios ha caído suavemente sobre ti y te ha ayudado a ver que algo bueno puede salir, y saldrá, a través de ti.

Es verdad, las cosas van sucediendo con el paso del tiempo. Cosas maravillosas. Cosas que solo podrían haber ocurrido porque la esperanza divina todavía le sale al cruce a nuestro mundo hecho pedazos. El secreto está en dejar que la Palabra de Dios penetre en ti y alcance el propósito que él tenía en mente.

Entonces puedes tomar en tus manos y levantar en alto el desánimo, las dudas, las preguntas y la sensación de haber sido herida por Dios. Y con las manos abiertas, dejar que el viento se los lleve.

Entonces, finalmente, verás que los años se extienden nuevamente delante de ti. Que la esperanza se despliega frente a tu vida. Percibirás nuevas perspectivas, aun cuando otros te vuelvan a lastimar. Nuevas posibilidades se abrirán delante de ti una vez más. Y volverás a tener conversaciones sinceras con Dios.

PARTE V

EN MIS PENSAMIENTOS

Puedo pensar en mil seiscientas cuarenta y dos cosas que preferiría hacer en vez de lavar la ropa. Pero a menos que mi familia y yo queramos usar ropa que apeste, es una obligación que debo enfrentar. Hace poco me atrasé terriblemente con esa tarea indeseable y decidí ponerme al día de una sola vez. Estaba haciéndolo bastante bien hasta que la secadora me detuvo.

Había puesto una carga, fijado el reloj y luego alejado, sabiendo que la ropa estaría seca en una hora más o menos. Veinte minutos más tarde, un sonido extraño se oyó en el lavadero.

Me acerqué, miré la luz que titilaba en la parte superior de la secadora, y descubrí que el filtro de pelusas estaba peligrosamente lleno. Cuando retiré el excedente de pelusas, un pensamiento aterrador se me cruzó por la cabeza. ¿Qué le hubiera sucedido a la máquina si no hubiera tenido un dispositivo de alarma para cuando el filtro se llena? He conocido varias personas a las que sus hogares se les incendiaron como resultado de que se prendió fuego su secadora. Aterrador.

Limpié el filtro y estaba a punto de volver a colocarlo cuando otro pensamiento me sobrevino: *Mi mente es muy parecida a este filtro de pelusas.* Una mente que no se limpia puede resultar tan peligrosa como un filtro obstruido. Un pensamiento atascado hace las cosas más lentas; impide que los vientos nuevos y frescos soplen libremente; y, además de todo, es capaz de consumir toda nuestra energía.

Comencé a cavilar sobre algunos de los pensamientos que se han atascado en el filtro de mi mente en este último tiempo. Hay algunas preguntas persistentes que resultan paralizantes de una manera especial, tales como: *¿Podría ser que mi esposo haya tenido un romance con alguien?* Sé que se trata de un temor irracional, cimentado en la traición de mi padre a mi madre. Art me ha dado todas las razones del mundo para sentirme segura en nuestra relación, pero si no tengo cuidado con los temores irracionales, estos comenzarán a afectar la manera en que lo trato.

Justo ese día recibí la llamada de una amiga alarmada, a la que había tomado por sorpresa una aventura que mantenía su esposo. Dejé que mis pensamientos y mis temores corrieran libremente. Llamé a Art y no pude comunicarme. Mi mente giraba a más revoluciones. Para cuando pude hablar con él, unas horas más tarde, yo estaba irritada y sensible, y había rastros de desconfianza en mi tono.

Si consideramos separadamente los pensamientos desviados, estos pueden parecer benignos. Pero colocados uno encima de otro, taponan cualquier cosa. De repente mi actitud se torna un poco agria, mi corazón un poco frío, mi deseo de estar con otros disminuye y mis oraciones se vuelven frases enlatadas dichas por obligación.

Necesito un viento fresco. Necesito dejar que Dios comience a quitar las capas de pensamientos falsos que se han amontonado. Necesito un encuentro con él y con sus recordatorios frecuentes. Lo majestuoso aún nos visita en medio de nuestras vidas rutinarias y comunes.

Entonces, permite que Dios te visite en esta sección a la vez que aprendemos juntas cómo liberarnos de los patrones de pensamiento negativos que nos distraen, cómo encontrar un nuevo filtro para todos nuestros pensamientos, y cómo pasar de una expresión de deseo, en lo que respecta a caminar más cerca de Dios, a vivirlo en verdad.

CAPÍTULO 13

¿QUÉ HAGO CUANDO NO SIENTO A DIOS?

El aire estaba electrizado. Miles de fanáticos chillaban, gritaban y cantaban completamente extasiados ante su estrella de rock. Los flashes destellaban por todas partes. Las manos se extendían, se alargaban infinitamente solo para tratar de llamar su atención.

Por todas partes se erigían carteles que proclamaban apoyo y amor. Los fanáticos compraban camisetas. Hacían filas interminables. Pedían autógrafos. Y luego de tremendos suspiros dramáticos, hacían votos de nunca más lavarse las manos que habían tocado al ídolo.

Un tiempo fabuloso para todos.

Yo estaba en la audiencia esa noche, fascinada por el tamaño del estadio, el volumen de los gritos y aplausos, y la excitación de participar de ese momento. En un cierto punto, todos los ojos se clavaron en una niña de diez años a la que el cantante saludó por su cumpleaños y le deseó una larga vida.

Mientras estaba allí sentada pensando en lo emocionante que debía haber sido para esa niña recibir una atención de ese estilo, que miles de personas desearían, de parte de la estrella de rock, mi mente se alejó del concierto. Recordé aquellos momentos en los que sentía que era poca cosa y que pasaba inadvertida, aun para Dios. Perdida en la multitud. Incapaz de sentir a Dios. Con todos los millones de personas que hay en el mundo, ¿cómo es posible que Dios nos ame y que esté íntimamente relacionado con cada uno de nosotros? Jesús. Emanuel. Él es Dios con nosotros. Imaginaba a Jesús parado sobre ese escenario. Imaginaba que toda la multitud se desvanecía mientras él señalaba en dirección a mí en la tribuna, y me apuntaba con su dedo. A mí, pobre criatura, insignificante, sentada en la fila 116, sección R, asiento 24. Y luego me hablaba directamente: «Te amo, Lysa, y te he elegido. ¿Podemos pasar algo de tiempo conversando de esto?»

Sonreí. Luego la realidad del concierto me trajo a la vida real nuevamente. Para la estrella de rock, la persona sentada en la fila 116, sección R, asiento 24 era solo un rostro más en medio de la multitud. Eso era todo lo que él podía ver. Después de todo, aunque pareciera más grande que la misma vida parado allí sobre el escenario, la realidad para la estrella de rock era la misma que para cada uno de nosotros: era tan solo un ser humano. Pero para Jesús no hay tal cosa como que alguien sea solo otro rostro en la multitud. De algún modo, para Dios todos somos almas únicas a las que él desea llamar, reconocer e invitar a un entorno más íntimo.

A diferencia de una estrella humana, Jesús puede brindar atención personalizada sin excluir a los demás. Cada una de las personas de una multitud puede tener su encuentro individual con él. Lo único que se requiere es el *deseo* de experimentarlo y la *fe* de que eso es posible. Lamentablemente, muy pocas personas los tienen.

Lo sé. Yo tenía una clase de relación con Dios en la que lo veía como alguien que les echaba un vistazo panorámico a miles de personas por minuto, solo para asegurarse de que ninguna se estuviera saliendo de la fila. La probabilidad de que Dios se detuviera en el medio de la vida diaria para pasar tiempo conmigo no entraba en la gama de las posibilidades.

ELEGIDA

¿No suena presuntuoso pensar que Dios desea considerarnos individuos, elegirnos, llamarnos por nuestro nombre y conversar con nosotros a solas?

Tal vez la respuesta a esta pregunta, en términos humanos, sea sí, pero no lo es en términos bíblicos. Sin embargo, antes de hablar sobre términos bíblicos, aclaremos algunas cosas acerca de los términos humanos. En términos humanos, la palabra «elegido» lleva mi mente a los días de fútbol en el patio escolar.

En mi escuela cada uno sabía muy bien a quién quería en su equipo de fútbol y a quién no. Para ser parte de la elite del grupo de fútbol uno tenía que tener una de dos cosas: o un historial de partidos encima, o una destreza física comprobable. Podía perdonársele que no tuviera muchas habilidades para el fútbol si había logrado buen puntaje en el programa del Premio Presidencial a la Aptitud y por ende demostraba alguna clase de potencial para el juego.

Como nota al margen, debo comentar algo sobre el programa del Premio Presidencial a la Aptitud. Por qué la Casa Blanca tenía que involucrarse con niños en edad escolar y sus metas de aptitud física, nunca lo sabré. Cada primavera, el día de esta prueba arrojaba a los estudiantes a un terror sin precedentes; más que ningún otro día del ciclo lectivo, excepto el día en que se suponía que las chicas tenían que pedirles a los varones que fueran con ellas al baile de Sadie Hawkins. Pero esa es una historia para otro momento.

De todos modos, mi experiencia escolar se remite a la era de Jimmy Carter. Creo que Jimmy debía estar muy ocupado con sus conversaciones sobre la Limitación Estratégica de las Armas y los tratados del Canal de Panamá. Pero de alguna manera también tuvo tiempo para preocuparse de que los alumnos de cuarto grado pudieran hacer abdominales, lagartijas y correr un kilómetro y medio sin desmayarse.

En aquel tiempo, pedirme que corriera un kilómetro y medio era como indicarme que trotara desde Florida hasta California. Provengo de una familia en la que solo se consideraba la posibilidad de traspirar si uno estaba tendido al sol. ¿Una lagartija? ¿Abdominales? Ni siquiera sabía que los brazos tenían músculos. Yo creía que esas eran cosas extrañas que crecían en la *piernas* de otros. De modo que fui una completa decepción para Jimmy, su programa y mi maestro de educación física.

De más está decir que cuando llegaba el momento en que los capitanes de los dos equipos elegían a sus jugadores, a mí no me iba muy bien. Detestaba sentir que otros fueran escogidos mientras yo era pasada por alto vez tras vez. Finalmente, no había otra alternativa que elegir a una de las jugadoras que sobraban, y ahí escuchaba mi nombre. Yo bajaba la cabeza y pateaba el polvo de camino a mi lugar en el banquillo con mi equipo. «Elegida» no era en absoluto una palabra que usaría para describirme.

Cuando oí por primera vez la palabra «elegida» en relación con los sentimientos de Dios hacia mí, no pude procesarlo. En términos humanos me parecía bastante presuntuoso pensar que Dios pudiera detenerse a poner su atención en mí. Mi papá terrenal nunca lo había hecho. Mis compañeros de fútbol ciertamente tampoco. Parecía muy descabellado pensar que una niña a la que el mundo ignoraba y pasaba por alto pudiera de veras ser elegida intencionalmente por Dios.

Cuando oí por primera vez la palabra «elegida»
en relación con los sentimientos de Dios hacia mí,
no pude procesarlo. En términos humanos,
me parecía bastante presuntuoso pensar que Dios
pudiera detenerse a poner su atención en mí.

Sin embargo, la Biblia está llena de afirmaciones que sostienen que esa es exactamente la manera en que Dios quiere que consideremos la vida. Pensemos en las palabras del apóstol Pablo: «Por lo tanto, como *escogidos* de Dios, santos y amados, revístanse de afecto entrañable y de bondad, humildad, amabilidad y paciencia» (Colosenses 3:12, énfasis añadido). El salmista escribe: «¿Quién, entonces, es el hombre que teme a Jehová? Él le enseñará el camino que ha de *escoger*» (Salmo 25:12, RVR60). Y Jesús dijo: «Si fueran del mundo, el mundo los querría como a los suyos. Pero ustedes no son del mundo, sino que yo *los he escogido* de entre el mundo» (Juan 15:19, énfasis añadido). Ser tenida en cuenta. Escogida con una razón específica, con un propósito. Considerada un tesoro. Amada. ¿No es ese el clamor de cada corazón? Se trata de un clamor que Jesús puede satisfacer por completo.

Tú y yo somos personas elegidas, con un camino escogido, que han sido seleccionadas por Dios con el propósito de vivir una vida elegida, apartada en este mundo. Pero por favor, no confundas esto con ser parte de la membresía de un exclusivo club de campo. No, cada persona puede afianzarse sobre esta verdad sin que importe cuál es su raza, trasfondo social o pasado. Si proclamas a Cristo Jesús como el Hijo de Dios, como tu Señor y Salvador, esta es la realidad que has escogido.

EL PROBLEMA... Y LA SOLUCIÓN

El problema es que hemos sido entrenados para interpretar la vida en base a la manera en que nos sentimos. Pensamos que debemos sentir amor para que el amor exista. Pensamos que debemos sentirnos deseados para ser verdaderamente elegidos. Pensamos que debemos sentir la presencia de Dios para que él esté realmente cercano a nosotros. Pero Dios nunca planeó que encontráramos el camino hacia él por medio de los sentimientos.

Dios quiere que nos afirmemos en la verdad absoluta de que él está con nosotros, sin que importe que nuestros sentimientos parezcan traicionar esa realidad. Cuando yo miro la vida a través del cristal de mis sentimientos, quedo desilusionada y me desanimo. Cuando, en cambio, la analizo a través de la verdad de Dios, me siento reconfortada divinamente por su amor y estoy segura de su llamado sobre mi vida.

Solía decir que no me sentía cerca de Dios y por lo tanto que Dios no debía estar cerca de mí. Ahora digo: *Dios está cerca, y si yo elijo estar cerca también, él reacomodará mis sentimientos*. En otras palabras, tengo que tomar una decisión deliberada con mi mente, sabiendo que mi corazón finalmente la seguirá.

Así fue como esta niña, a la que no le gustaba transpirar corriendo, que nunca había sido elegida para el equipo de fútbol, este saco de patatas, finalmente determinó realizar ejercicios físicos. ¡Y les aseguro que no tenía el corazón puesto en ello para nada! Ni un poquito. Y les digo más: no me interesa la velocidad y todavía no impresionaría a Jimmy ni calificaría para su Premio Presidencial a la Aptitud Física.

No obstante, nada de eso es lo preponderante aquí. Lo principal es haber tomado la decisión, a pesar de los sentimientos, y haber alcanzado la victoria.

Un día elegí levantarme del sofá, comprarme un par de zapatillas y correr desde mi casilla de correo hasta la de mi vecina. Al día siguiente corrí un poco más. Algunos días más tarde, un poco más lejos. Y he estado tomando la decisión de correr desde ese entonces. Continúo motivándome porque correr me mantiene en forma y me encanta como me veo después, tanto emocional como físicamente. Pero admito que aún hay días en los que preferiría enroscarme entre las cobijas y quedarme en la cama.

Estaba hablando de esto con una amiga el otro día y ella pareció sorprendida por mi confesión de que correr es todavía una decisión que tengo que tomar de manera consciente. Señaló que creía que cada mañana yo saltaba de la cama ansiosa por ponerme las zapatillas y salir a conquistar la calle. Pensaba que yo no tenía que hacer ningún esfuerzo por correr.

Nuestra conversación me hizo reír. Algunos días correr me resulta más sencillo, pero nunca lo hago sin esfuerzo. Cada kilómetro, cada uno de los pasos, es una elección. Y todavía me cuesta respirar a veces, y cada tanto tengo que detenerme y caminar.

¿Pero quieres conocer un pequeño secreto? Nunca me he arrepentido de correr. Al contrario, me he arrepentido de *no hacerlo*. Puedo decir con sinceridad que cada minuto que paso corriendo es un tiempo bien invertido.

Lo mismo puedo decir de mi tiempo con el Señor. Algunos días me resulta tan natural como tener una conversación cara a cara con una amiga. Solo abro mi Biblia y las revelaciones se vuelven ricas, el diálogo fluye y el aliento que recibo hace que mi alma vuele.

Otros días es más bien un esfuerzo. Cuando siento que las cosas están trabadas o se vuelven pesadas entre el Señor y yo, le pregunto por qué y me siento en silencio a esperar alguna revelación que ilumine los rincones de mi mente. A veces se trata de un pecado no confesado. A veces tiene que ver con una mala actitud que he estado albergando. A veces es mi lista de quehaceres que me tienta a acortar el tiempo a solas con el Señor.

Sea lo que fuere que me esté reteniendo, es bello hacer una pausa para encontrarme con aquel que debería buscar por encima de todo lo demás. Así es como la Biblia lo describe: «Una sola cosa le pido al SEÑOR, y es lo único que persigo: habitar en la casa del SEÑOR todos los días de mi vida, para contemplar la hermosura del SEÑOR y recrearme en su templo» (Salmo 27:4). Hacer una pausa para estar con Dios y esperar a que él me revele algo no siempre es sencillo, pero resulta absolutamente esencial para el bienestar de mi alma. Así como mi cuerpo necesita comida para tener energía y vida, también mi alma precisa tiempo con el Señor para mantenerse bien.

Una cosa puedo decir con toda seguridad: después de pasar un tiempo con el Señor nunca me voy sintiéndome más lejos de él que cuando comencé. Y no finalizo mi tiempo con el Señor hasta haber aprendido o recibido algo de él; por lo tanto, cada momento pasado con él es un tiempo bien invertido.

El salmista escribe: «En ti confían los que conocen tu nombre, porque tú, SEÑOR, jamás abandonas a los que te buscan» (Salmo 9:10). Buscar significa «ir a, intentar o pedir». ¿No debería ser así la manera en que buscamos a Dios? Vamos a él. Hacemos nuestros mayores esfuerzos por llegar a conocerlo. Le pedimos su revelación y su ayuda. Seguimos decidiendo intentarlo una y otra vez. Y si lo hacemos, Dios promete que él no nos dejará ir con las manos o el corazón vacíos.

Esperemos, no nos apresuremos a decir la última frase. Si lo hacemos, si tomamos la decisión de pedir la ayuda y la revelación de Dios, *él no nos dejará ir con las manos o el corazón vacíos.* Que esa verdad se impregne en lo profundo de tus pensamientos. Es una verdad que, si se lo permites, transformará el enfoque que tienes con respecto a tu vida cotidiana.

Si tomamos la decisión de pedir la ayuda
y la revelación de Dios, él no nos dejará ir con las manos
o el corazón vacíos.

Y como esos tiempos con Dios son tan importantes, ¿por qué no registrarlos de algún modo? Lo sé, lo sé, puedo oírte objetar. Yo era alérgica a escribir un diario también. Para algunas, escribir parece poco realista. Tengo una amiga que tiene cajas llenas de diarios íntimos. Cuando me lo contó, su dedicación me hizo sentir abrumada. Yo era reticente a hacerlo y dudaba por el hecho de que no quería que se convirtiera en una cosa más que comenzaba y no podía terminar.

Sin embargo, descubrí que registrar mis tiempos con Dios y sus revelaciones es algo muy reconfortante. Yo no uso un diario de papel, como mi amiga. Uso mi diario-blog[8] como un lugar en el que escribir y dialogar con otros sobre las cosas que Dios me enseña y mis muchas aventuras con él.

No obstante, si te sientes más cómoda, quiero animarte a hacer algún tipo de registro escrito. Algunos días las anotaciones de tu tiempo a solas pueden reducirse tan solo a dos palabras sinceras: «¡Señor ayúdame!». Otros días tendrás mucho más que escribir. Date permiso para que tus pensamientos fluyan sin quedar atrapada en la mecánica. Aun cuando solo se tratara de frases dichas al azar, porciones de versículos o una hilera de oraciones, es hermoso registrar tu tiempo a solas con Dios. Es tu reconocimiento de que él está cerca, y que no importa cómo tú te sientas.

Yo soy una aprendiz visual y siempre me gusta ver un ejemplo de algo antes de tratar de intentarlo por mi cuenta. Así que decidí incluir una de las entradas más largas que anoté en mi blog. Pero, antes de que la leas, déjame asegurarte que también tengo un montón de anotaciones que solo dicen: «¡Señor ayúdame!».

UN EJEMPLO DE MI PROPIO DIARIO DEL TIEMPO QUE PASO A SOLAS CON DIOS

Es muy temprano en la mañana. No muchas personas están despiertas ya. Aunque mi cuerpo me implora darme vuelta en la cama y seguir durmiendo, mi alma está ansiosa por levantarse y sentarse un rato con Jesús.

Aunque físicamente no puedo verlo, sé que está presente.

Decido abrir mi Biblia en los Salmos y usar los versículos que lea como oraciones para comenzar mi día. Cuanto más oro esos versículos en voz alta, menos escucho las cosas insistentes de este mundo. Una hermosa melodía de verdad comienza a elevarse, y de repente todas mis preocupaciones empalidecen ante la luz de la verdad de Dios.

La perspectiva que él tiene acerca de las cosas que me perturban comienza a eclipsar mi ansiedad. Como la sombra de un día de verano, siento alivio en su presencia.

Sé que me está preparando para lo que precisaré a lo largo de este día. Él se adelanta a cada minuto de mi día y sabe lo que tendré que enfrentar. Me equipa para que sea capaz de manejar lo que me espera con su tierna audacia, su fuerza apacible y su amorosa gracia.

Dios me instruye: «Abre bien la boca, y te la llenaré» (Salmo 81:10). Él me dirá lo que debo decir hoy. Lo que tengo que agregar en momentos felices. Lo que puedo expresar en situaciones agraviantes. Lo que debo sugerir en los momentos en que me siento insegura y lo que tengo que declarar cuando me siento completamente confiada. Lo que tengo que decir en momentos de desilusión. Lo que puedo contestar en respuesta a las preguntas. También me recuerda que a veces es bueno mantener la boca cerrada y no decir nada.

Que tú seas el autor de todas las palabras que resuenen en mi cabeza y salgan por mi boca.

Leo: «¡Cuán hermosas son tus moradas, SEÑOR Todopoderoso!» (Salmo 84:1). Entonces le pido a Dios que habite en mí en abundancia. Quiero que él sea lo que se irradie a través de mí. Quiero que él sea mi belleza de este día; no el cabello, no la vestimenta, no mis esfuerzos por adornarme. Simplemente él y su Espíritu, danzando de manera invisible alrededor de mí... cambiando una mala actitud, guardando mis palabras, y susurrando verdades constantemente a mi corazón.

Estas palabras saltan de la página: «Instrúyeme, SEÑOR, en tu camino para conducirme con fidelidad. Dame integridad de corazón para temer tu nombre» (Salmo 86:11). En respuesta, le pido al Señor que me dé el don de un corazón íntegro. Yo uso todo lo que él me transmite en mi tiempo devocional para darle dirección a mis oraciones y claramente proclamar lo cercano que él está.

Señor, que nada me separe de ti hoy. Enséñame a elegir solamente tu camino para que cada paso me lleve más cerca de ti. Ayúdame a caminar en la verdad hoy y no según mis sentimientos.

Ayúdame a mantener mi corazón puro e íntegro. Protégeme de pensamientos, palabras y acciones descuidadas. Y guárdame de distraerme con mis deseos, mis anhelos, y mis pensamientos sobre cómo deberían ser las cosas.

Ayúdame a aceptar lo que venga en mi camino como una oportunidad más que como un inconveniente.

Y por último, ayúdame a descansar en la verdad del Salmo 86:13: «Porque grande es tu amor por mí».

Tú ya estás viendo todas las maneras en las que yo seguramente me equivocaré y estropearé todo. Pero ahora mismo, conscientemente guardo tu secreto de amor absoluto por mí en lo más profundo del corazón. Reconozco que tu amor por mí no se basa en mi desempeño. Tú me amas con todos mis defectos.

Tienes piedad, y eso es asombroso.

Sin embargo, lo más asombroso es que el Dios del universo, el Salvador del mundo, desee pasar unos minutos conmigo esta mañana. Señor, ayúdame a recordar siempre el regalo que es sentarme contigo de esta manera.

Y LUEGO LAS LUCES DEL ESCENARIO SE OSCURECEN

Entonces, volvamos al concierto en el que Jesús me dejó ver esa imagen de él llamándome y escogiéndome. Aprendí algo profundo esa noche. Dios nos hizo a cada uno con un lado vulnerable en nuestra alma; un deseo de ser amados, deseados y elegidos por sobre los demás. Creo que eso es lo que en definitiva lleva a las personas a llenar un estadio. La persona que está sobre el escenario busca llenar su lado vulnerable a través de la multitud que grita. La multitud que grita de algún modo piensa que ese personaje famoso lo tiene todo resuelto; si tan solo pudieran acercarse más, algo de esa felicidad podría pegárseles.

Mientras tanto Jesús se queda a un costado y se pregunta si alguien se da cuenta de que él es lo único que anhela nuestra alma… no la fama… no lograr la atención del famoso… y no los millones de otras cosas que pasamos la vida pensando que necesitamos tener.

La respuesta a nuestros deseos más profundos no es una vida aparentemente perfecta… no es el esposo más romántico… no son hijos más inteligentes y mejor comportados… no es la casa más grande… no es el mejor empleo… no son los premios ni el reconocimiento de la gente… no es el tratar de abrirnos camino hacia Dios por las emociones.

Es tomar la decisión de reconocer que Dios está cerca. Dondequiera que estemos, sea en un gran concierto, en una cancha en medio de un penoso partido de fútbol, corriendo por las calles de nuestro vecindario, o sentadas en una silla de la sala de estar, Dios está allí. Amándonos. Afirmándonos. Enseñándonos. Llamándonos. Eligiendo pasar tiempo con nosotras.

Convertirse en algo más que una «buena cristiana» significa nunca conformarse con que los sentimientos sean los que conduzcan el camino hacia Dios o limitar nuestra experiencia a esos pocos minutos que damos en llamar nuestro tiempo a solas con él. Es ser capaces de sentarnos en el bullicio del estadio de la vida, mientras todas las distracciones mundanas imaginables nos bombardean, y de repente pensar en él, hablar con él, sonreírle y comprender que cada deseo que hemos tenido en la vida de ser algo más que la chica de la fila 116, sección R, asiento 24, ya está cubierto. Por él. Aquel que nos escogió.

CAPÍTULO 14

SIMPLEMENTE APRENDER A QUERERME

¿Te quieres? Es una pregunta rara, ¿verdad? Para mí, responder a esa pregunta requiere un pequeño viaje que me lleve por algunos de los sucesos más significativos de mi vida.

Hay una persona que ha vivido más cosas conmigo que cualquier otra. Ella era la que comía mis pasteles de barro recién salidos del horno y era tan ingenua como para limpiar toda mi habitación por un centavo.

También ella fue la que ahorró cada centavo y dólar que recibió mientras que yo gastaba todo lo que venía a mi mano más rápido de lo que llevaba decir «oferta». Ella guardaba su cuenta bancaria personal adentro de una caja de zapatos debajo de su cama y se burlaba de mí diciéndome lo rica que era cada vez que yo me quejaba de estar en bancarrota.

Yo me le adelanté en el uso de la ortodoncia por un par de años. Ella se deleitaba en pensar en toda clase de nombres con los que llamarme. Y siendo más madura, me vengaba haciendo comentarios sobre sus cuatro ojos y su cabello con permanente hecha en casa. Esos fueron años aterradores para nosotras.

Compartíamos la misma mamá. Y el mismo papá. El mismo hogar roto. El mismo quebranto de corazón. Y compartíamos el amor por una perrita caniche llamada Biscuit. No estoy segura de que alguna vez haya podido hacer cosas normales de perro, como perseguir autos o pelotas. Solamente recuerdo que pasó años conformándose con ser nuestra muñeca, para el gozo de las dos niñitas que deseaban algo de normalidad cuando jugaban a tener un hogar.

Ella estaba lista para su banquete de octavo grado cuando yo me estaba preparando para mi graduación. Ella usaba un vestido rosa pálido. Yo uno negro. Desafortunadamente, su amiga acababa de brotarse con varicela, y nosotras dos pasamos horas asegurándole a esa chica que nadie lo notaría gracias a un tubo entero de maquillaje color piel que usamos para cubrir los granitos. Cuando estuvieron listas para irse, yo me sentía asombrada por ese breve tiempo de amistad que habíamos compartido. Creo que esa fue la primera señal de esperanza que tuvimos de que no nos odiaríamos por siempre.

Somos más diferentes de lo que puedes llegar a imaginar. Ella es muy organizada; a mí me gusta pensar que mis pilas de cosas por hacer son un signo de creatividad. Ella sigue siendo delgada a pesar de haber tenido tres hijos; yo nunca usaré una talla pequeña. Ella no hace ejercicio; yo sudo cinco días a la semana. Resulta bastante injusto el comentario sobre los misterios de la genética y quién tiene qué metabolismo.

No hay una pizca de envidia de mi parte; solo estoy contando las cosas como son.

La pura verdad es que me siento bendecida por la vida que he tenido junto a mi hermana, Angee, por casi cuatro décadas ya.

Y sí, las dos tenemos nombres que hemos tenido que deletrear toda la vida ante gente que nos mira como si no hubiéramos salido de esa fase de la escuela secundaria en la que se deletreaban graciosamente los nombre. Solo que el mío está deletreado L-Y-S-A en el acta de nacimiento.

Por un lado, resulta emocionante que tu nombre se escriba de una manera rara, porque te hace sentir en la onda. Por otro, es un problema, porque jamás lo encontrarás en una de esas placas que vienen con los nombres inscriptos.

Por eso, mientras que todas las otras bicicletas Huffy rosadas de mi vecindario tenían una patente con los nombres, la mía tenía un cartel escrito a mano. Nada tiene tanta onda como una tarjeta de cartón remarcada por una cinta que flamee al viento.

Un día en el almacén casi me trago la lengua por el grito que di en el estante de productos de limpieza. Todas las latas de limpiador estaban dadas vueltas y pude ver que había una fila entera de L-Y-S, así que creía que había muerto y llegado al cielo de las patentes personalizadas. Pero justo cuando estaba haciendo planes para atar una de esas latas a mi bicicleta, vi el O-L al final, formando la palabra «Lysol», y no «Lysa».

Pienso en este incidente cada vez que veo una lata de Lysol; apuesto que tú no. Mis recuerdos de la niñez están llenos de las cosas lindas de la vida, como son los productos de limpieza y los personajes de novelas. Lo que me lleva a la razón por la que mi nombre se deletrea raro en primer lugar.

Tiene algo que ver con mi mamá, a la que le gustaba un personaje de una novela que llevaba mi nombre, pero no le gustaba el carácter de dicha persona. Así que le cambió las letras y esperó que yo desarrollara un carácter mejor que el carácter de ella. Y si puedes escribir tres oraciones seguidas usando la palabra carácter más de lo que yo lo he hecho, te mereces un premio.

Como sea, creo que Angee se sentía mal porque yo siempre tenía que explicar cómo se escribía mi nombre; entonces ella se unió al juego, y todo se complicó. Al final aprendí a apreciar la singularidad de mi nombre y he llegado a apreciarlo.

En una escala mayor, he tenido que aprender a apreciar mi singularidad y, con el tiempo, he crecido y llegado a quererme. He tenido que aprender a abrazar todo lo que hace que sea yo misma. Algunas cosas son divertidas y buenas; otras son extremadamente difíciles y dolorosas. De algún modo Jesús lo ha usado todo.

EVITAR LA DISTRACCIÓN

Si quieres encender un debate ardiente entre cristianos, haz esta pregunta: «¿Está bien que un cristiano diga que se ama a sí mismo?».

Algunos dicen que la admonición de «amar a tu prójimo como a ti mismo» (Mateo 22:39) requiere que primero nos amemos a nosotros mismos para después poder amar a los demás. Otros enseguida contraatacan citando Mateo 16:24-26, que dice: «Si alguien quiere ser mi discípulo, tiene que negarse a sí mismo, tomar su cruz y seguirme. Porque el que quiera salvar su vida, la perderá; pero el que pierda su vida por mi causa, la encontrará. ¿De qué sirve ganar el mundo entero si se pierde la vida? ¿O qué se puede dar a cambio de la vida?»

En vez de tratar de equilibrar las verdades en esos textos, me gustaría ir al mensaje que hay detrás de cada uno de ellos. El verdadero objetivo no es enfocarnos para nada en nosotras mismas. En cambio, es mejor dedicar nuestro tiempo a aprender a hacer las paces con lo que somos, de modo que los sentimientos de inseguridad no se conviertan en una distracción para vivir nuestra fe en voz alta.

Y créanme, he sido una de esas mujeres tan distraídas con ellas mismas que resulté ineficaz para la causa de Cristo. Ir *más allá de las apariencias* requiere un corazón libre de aquellos enredos del pensamiento que nos distraen.

Según el libro de Hebreos, esto es lo que debemos hacer: «Despojémonos del lastre que nos estorba, en especial del pecado que nos asedia» (Hebreos 12:1). Ser estorbados significa «ser retrasados, interrumpidos o tener dificultad»[9]. Ser asediados significa «ser confundidos, estar perplejos o quedar atrapados»[10]. Cuando somos distraídos por nuestros propios pensamientos de no querernos a nosotros mismos, somos estorbados y asediados en el peor de los sentidos.

Pero me encanta que el escritor de Hebreos no solo presente un problema, sino que también ofrezca una solución. Lo mejor que podemos hacer cuando enfrentamos sentimientos de inseguridad es seguir andando, «puestos los ojos en Jesús, el autor y consumador de la fe» (Hebreos 12:2).

A Satanás le encantaría que nos aisláramos, obsesionándonos por lo negativo. Cuando lo hacemos, nos enfocamos demasiado en nosotros y quitamos nuestros ojos de Jesús y la misión que está puesta delante de nosotros. Muchos dedicamos tiempo a tratar de esconder o arreglar lo que percibimos como un defecto personal.

Jesús quisiera que nos viéramos como un paquete completo de cualidades únicas que él, el autor y perfeccionador de nuestra fe, considera necesario para la vida que nos llama a vivir.

Jesús quisiera que nos viéramos como
un paquete completo de cualidades únicas.

Piensa en algo de ti que consideras poco atractivo. Ahora, cambia tu enfoque y en lugar de verlo como algo negativo comienza a considerarlo como algo que Jesús podría transformar completamente y usar para bien. Ya sea un hábito pecaminoso o alguna cualidad que te hace sentir insegura, Jesús puede tomar todo lo que se le entrega a él y transformarlo para bien. Todo.

EVITA DISTRACCIONES DEL PASADO

En el capítulo uno mencioné al pasar el asunto de mi aborto. Tengo que decir que de todas las cosas que me sucedieron como niña, y de todo el dolor que soporté, nada me hizo sentir tan deshecha como mi aborto. Cuando las personas de la clínica de abortos sacaron de adentro a mi bebé, sacaron parte de mi corazón también. Caminé por ahí como una zombi durante muchos, muchos meses, con un odio creciente hacia mí misma que constituía la raíz de mi dolor y confusión.

Hasta ese punto las cosas que me habían producido dolor en la vida habían sido causadas por terceros. Pero el aborto fue una decisión que yo misma tomé. Me parecía la única solución en ese tiempo. El personal de la clínica de abortos me aseguró que ellos se podían encargar de mi «problema» rápida y fácilmente, de modo que nunca tuviera que volver a pensar en ello. ¡Qué gran mentira!

Mis pensamientos se concentraron en nada más que eso por mucho tiempo. Recuerda que convertirte en algo más que una «buena cristiana» requiere un corazón libre de los pensamientos que te enredan y distraen. No podemos avanzar hacia Dios cuando nuestro pasado continúa tirándonos hacia abajo.

Tal vez haya algo de tu pasado que te persigue e interrumpe constantemente tus pensamientos. El aborto causa una vergüenza secreta y lastima a miles de mujeres. A la fecha de escritura de este libro, las estadísticas actuales publicadas por el Instituto Guttmacher declaran que el treinta y cinco por ciento de las mujeres en los Estados Unidos se ha practicado un aborto antes de llegar a los cuarenta y cinco años. Y lamentablemente, el setenta y ocho por ciento de ellas tienen una filiación religiosa[11].

No podemos avanzar hacia Dios cuando nuestro pasado continúa tirándonos hacia abajo.

Incluso cuando no haya un aborto en tu pasado, muy pocas de nosotras hemos escapado a otras heridas profundas. ¿Te puedo dar una expresión de aliento para toda la vida? Puedes hallar sanidad en Jesucristo.

No lo digo a fin de traer una ráfaga de esperanza para tus heridas más hondas. Lo digo como alguien que se ha arrancado las vendas de heridas infectadas por años y ha recibido el bálsamo sanador de la verdad Dios.

Durante años guardé mi secreto enterrado en el fondo del corazón. Me sentía avergonzada, horrorizada, convencida de que si alguien se enteraba de que yo me había practicado un aborto, sería rechazada por todas mis amigas de la iglesia y considerada una mujer no apta para servir a Dios.

Sufrí en silencio envuelta en un manto de vergüenza.

Ir a la iglesia era increíblemente difícil durante esos tiempos. Estaba convencida de ser la única cristiana que se había realizado un aborto. Nunca había escuchado a otra mujer contar eso como parte de su testimonio ni a ninguna que hablara de la esperanza y la gracia que Jesús nos provee a las que estamos sufriendo por haber tomado esa decisión. Solo había escuchado a algunos cristianos bien intencionados debatir sobre el aborto pronunciando palabras muy duras. Esas declaraciones me perforaban, hacían que mi corazón se paralizara y mis ojos estallaran en un mar de millones de lágrimas.

No me malinterpretes, el tema del aborto es serio y deberíamos tener una postura fuerte al respecto. Pero también debemos recordar que es más que un tópico de índole política o religiosa. Para muchas mujeres dentro de la iglesia puede ser uno de los aspectos más dolorosos de su vida. Algo para lo que desean encontrar perdón y sanidad; pero tienen demasiado temor de ser juzgadas como para contarle su secreto a alguien.

Entonces sufren en silencio, envueltas en un manto de vergüenza.

Mi sanidad completa vino cuando finalmente fui capaz de superar mis pensamientos del pasado y ayudar a otras personas que se encontraban en la misma situación. Era aterrador pensar en relatarle mi historia a alguien. Pero un día supe de una jovencita que trabajaba para mi esposo y estaba en una situación de crisis por un embarazo no deseado. Ella había pedido unos días de licencia para practicarse un aborto. Yo sentí un fuerte tironeo en mi espíritu. Sabía que si ella escuchaba mi historia tomaría una decisión diferente. ¿Pero qué pensaría de mí? ¿Qué creerían otros si se enteraran? Sabía que Dios quería que le hablara; entonces ¿confiaría en él o me replegaría nuevamente en mi vergüenza?

Con las manos temblorosas me acerqué a Sydney (no es su verdadero nombre) intentando extenderle el consuelo y la compasión de Dios. Tal vez tan solo podría compartir con ella algunos versículos de la Biblia, como 2 Corintios 1:3-4, y ofrecerle ayuda sin exponerme yo misma. Pero cuando estábamos juntas sentí claramente que ella precisaba oír mi historia. Con la voz entrecortada y los ojos llenos de lágrimas, decidí preocuparme más por la situación de ella que por guardar mi secreto. Le conté la verdad de lo que había pasado y oré pidiendo que ella pudiera tomar una decisión distinta de la que yo había tomado.

Un año después de esa reunión, me senté con Sydney una vez más. Ella susurró un «gracias» ahogado, mientras se daba vuelta y besaba a un varoncito rollizo y mofletudo que estaba detrás en el carrito. Tan pronto como pronunció esa palabra tan definitoria las lágrimas brotaron de nuestros ojos. Las de ella eran lágrimas de alivio; las mías, de redención. Ambas estábamos envueltas en la esperanza de que Dios verdaderamente puede tomar aun nuestros peores errores y de algún modo sacar algo bueno de ellos.

Dios me ha llevado muy lejos desde aquella primera reunión con Sydney. Ahora viajo a muchos eventos sobre crisis en el embarazo y cuento mi historia con la esperanza de animar a las personas a apoyar a los centros locales que enfocan este tema. También la cuento desde los púlpitos de todo mi país, confiando en que muchas mujeres de la audiencia entenderán que es posible ser sanadas y restauradas de los trágicos errores del pasado.

Sin embargo, yo no puedo alcanzar a todas.

Hay mujeres en tu esfera de influencia que necesitan escuchar tu historia. Mujeres que una vez fueron como yo. Mujeres que alguna vez se encontraron abriendo camino en sus bicicletas rosadas con asombro y emoción. Y luego ocurrieron cosas malas y nunca más pudieron volver a ese camino.

¿Irás tú? ¿Les contarás? ¿Le permitirás a Dios que te consuele y luego llevarás ese consuelo a otros? Creo que descubrirás que eres tú la que acabará doblemente bendecida.

No solo verás a Dios sacar algo bueno de tus errores pasados, sino que notarás que se despliega otra esfera de tu vida que tiene nuevos propósitos. Cuanto más veamos revelarse el propósito de nuestra vida, más seguras estaremos con respecto a la persona que Dios quiere que seamos. Cuanto más seguras estemos de lo que somos, más capaces seremos de reconciliarnos con nosotras mismas y de querernos. Cuanto más nos queramos, más capaces seremos de desembarazarnos de los pensamientos que nos distraen. Cuanto menos enredadas nos encontremos, más eficientes seremos para Cristo. ¡Y así comenzaremos a ver que nos convertimos en algo más que en simplemente una buena estudiante de la Biblia!

CAPÍTULO 15

UN GLORIOSO SENTIDO DE POSIBILIDAD

El año pasado tuve que volar a Nueva Jersey con Holly, mi amiga y asistente, para asistir a un encuentro en el que yo era la oradora. La línea aérea Súper Ultra Mega Feliz retrasó nuestro vuelo una hora… y después otra más. No nos preocupamos demasiado, hasta que uno de los coordinadores del evento en Nueva Jersey nos llamó para avisarnos que acababa de ver una noticia alarmante en el sitio web de la aerolínea, en la que decía que habían cancelado nuestro vuelo.

Cancelado.

No demorado. No, señores.

Cancelado.

Cuando Holly se dirigió al agente que estaba en la puerta de embarque para confirmar o desestimar esa información, una mujer rubia de unos treinta años también se acercó a la ventanilla a preguntar sobre el estado del vuelo. Mientras que el agente hacía una llamada telefónica, Holly y la mujer charlaron un poquito.

Minutos más tarde nos informaron que efectivamente nuestro vuelo había sido cancelado y nos dieron instrucción de dirigirnos al área de reclamo de equipajes y luego al mostrador de registro para reprogramar el vuelo.

Entonces Holly descendió al área de reclamo de equipajes… y yo fui a hacer la fila para que me dieran un nuevo boleto. Era una de «esas» filas. Tú sabes a las que me refiero. Increíblemente larga. Increíblemente lenta. Era la situación perfecta para algunas personas serias que observaban. Y había algunos muy enojados, especialmente cuando nos dijeron que no había más vuelos a Newark ni a ninguna otra ciudad cercana. En otras palabras, no importaba lo mucho que quisiéramos ir a Nueva Jersey en avión, sin la intervención divina sería imposible.

Mientras tanto, en el sector de equipajes, Holly se encontró de nuevo con la mujer rubia antes de ubicar nuestras maletas, cargarlas en un carro y empujarlo hasta el ascensor. Justo cuando las puertas del ascensor se habían cerrado casi por completo, una mano asomó por la estrecha abertura y abrió las puertas nuevamente. Era la rubia otra vez. Le dijo a Holly que ella había hecho uso de su teléfono celular para reprogramar su vuelo. «Llame a este número y pídale que le reserven el mismo vuelo que yo voy a tomar. Es el vuelo de las 17:45 con rumbo a Washington D.C. y que luego hace conexión con Nueva York». Holly anotó los números de vuelo y horarios y prácticamente no tuvo tiempo de agradecerle antes de que las puertas volvieran a cerrarse.

Para el tiempo en que volvimos a encontrarnos, yo comenzaba a pensar que tendríamos que conducir durante toda la noche hasta Nueva Jersey. Pero la agente que nos cambió el pasaje fue increíblemente diligente. Ella nos hizo las reservas en el mismo vuelo que la mujer rubia había dicho que volaría y la vida de pronto volvió a brillar. Podríamos llegar a Nueva York, que se encontraba a una hora de nuestro hotel. Y tendríamos suficiente tiempo como para descansar un poco antes de la conferencia del día siguiente.

Revisaron nuestro equipaje y pasamos por la seguridad justo a tiempo. Cuando abordamos el vuelo a Washington, sin embargo, la agente de la puerta de embarque nos informó que el siguiente vuelo a Nueva York tendría una demora de tres horas. Suspiros. Pero cuando llegamos a Washington el letrero no indicaba que hubiera demoras. Comimos una cena liviana y tomamos el siguiente vuelo, asombradas de la manera en que Dios estaba respondiendo nuestras oraciones.

Allí fue cuando Holly comenzó a buscar a la mujer rubia para agradecerle de una forma más apropiada. Como no la vio cerca de nosotras ni en el la otra fila de asientos cercanos, se levantó y caminó por los pasillos. No había rastros de ella. A la mitad del vuelo, Holly revisó el avión de nuevo, mirando cuidadosamente a cada pasajero. La mujer había dicho que tenía una reserva en ese mismo vuelo. Debería estar allí.

A menos que fuera otra cosa… «Porque él ordenará que sus ángeles te cuiden en todos tus caminos» (Salmo 91:11).

Llegamos puntuales al compromiso de predicación, todavía sorprendidas por la forma práctica y personal en que Dios había intervenido. Él se movió poderosamente a lo largo de todo el fin de semana; muchas mujeres comenzaron una relación con Jesús y muchas otras volvieron a dedicarle sus vidas a Cristo. ¡Y pensar que habíamos estado tan cerca de no poder realizar el vuelo! Les expliqué a las señoras que

Dios tenía un gran plan para ellas ese fin de semana y por eso había abierto un camino para que nosotras pudiéramos llegar allí.

Hubiera sido fácil considerar los hechos que se fueron sucediendo como una serie de golpes de suerte. Pero qué tragedia sería ver la vida desde una perspectiva tan estrecha. La Biblia nos dice: «Desde el cielo Dios contempla a los mortales, para ver si hay alguien que sea sensato y busque a Dios» (Salmo 53:2).

«Buscar», tal como lo define el diccionario, significa literalmente «ir en la búsqueda de algo, tratar de encontrar o descubrir, intentar, preguntar»[12]. Es una palabra rica en actividad y actitud de búsqueda. Buscar a Dios significa tratar de hallarlo en forma activa y anticipar su actividad en todo.

Por eso leer nuevamente el Salmo 53:2 quebranta mi corazón. Desearía que el versículo dijera: «Desde el cielo Dios contempla a los mortales, para ver *a los muchos* que son sensatos y *a los muchos* que buscan a Dios». Pero la palabra que se utiliza es «alguien», no «muchos». Lo que me da la pista de que aquellos que son sensatos y buscan a Dios constituyen una rara minoría.

Francis Frangipane, escritor y pastor, una vez dijo: «No queremos solamente darle un consentimiento mental a la doctrina cristiana. Queremos ver, tener contacto y vivir en la realidad experimental de la verdadera presencia de Cristo».[13]

Si pudiera hacerle un solo regalo a cada mujer de este planeta, le ofrecería el don de contemplar a Dios a lo largo de sus días; lo milagroso mezclándose con lo cotidiano. Eso cambiaría de manera radical la forma en que pensamos, la manera en que interpretamos la vida, y ciertamente nuestra confianza en Dios. Eso nos haría vivir *más allá de las apariencias.*

Así que invito a todas a tener la posibilidad de ver a Dios. No su forma física, sino más bien la evidencia de su actividad. Quiero que seamos mujeres que alzan sus ojos a Dios cada día y le dicen: «Es verdad, Dios, ¡hay algunos que te buscan hoy! Entiendo que es posible experimentarte; por eso, lo deseo más que ninguna otra cosa. Buscaré verte, oírte, conocerte y seguirte en cada momento de mi día».

DE LA EMOCIÓN A LA DEVOCIÓN

Una de mis queridas amigas y oradoras de los Ministerios Proverbios 31, Whitney Capps, tuvo una visión nueva de Dios y la relación con él en una manera de lo más insólita. No hace mucho tiempo ella trepó a un poste de doce metros como parte de una actividad que fomentaba el espíritu de equipo. Después de un ascenso lento y titubeante, estaba casi llegando a la parte superior cuando comenzó a sentir pánico por la siguiente cosa que se suponía que hiciera (que era pararse en la parte alta y contemplar la vista panorámica). Por supuesto que tenía un arnés que sostenía todo el grupo desde abajo. Pero el poste se mecía, su determinación se venía abajo y su valor desaparecía a la hora de encarar la segunda parte.

Whitney no es una cazadora de emociones. Como a la mayoría de nosotras, le gusta la comodidad y la seguridad. Así que, faltando un paso para lograr la meta, este era el diálogo interior que ella me contó que tenía: «*De veras no tengo que llegar hasta el final. Estoy exhausta y acalambrada. ¿Treinta centímetros más de altura van a cambiar de verdad mi perspectiva?*»

Podía oír a su equipo alentarla. Su esposo continuaba diciéndole que fuera por la meta, que valía la pena hacerlo. Ella hizo una pausa y meditó sobre las opciones.

Aquí es donde transpiro al solo recordar lo que mi amiga hizo después. Realizó un esfuerzo final, se paró en la parte alta… y cayó.

¿Entonces todo el ejercicio resultó un fracaso? No, de ninguna manera. Ante todo, Whitney aprendió ese día cuánto se asemejaba su relación con Dios a escalar ese poste. Muchas veces se había detenido justo antes de la devoción total al Señor. Ella se daba cuenta de que tenía poca resistencia espiritual, que la emoción que la ayudaba a comenzar su viaje con el Señor nunca sería suficiente para terminarlo. Necesitaba un nivel de devoción que no estaba segura de tener.

¿Alguna vez te has sentido así? ¿Alguna vez has deseado lograr más en tu relación con Dios, pero por el temor al fracaso te detuviste justo antes de la devoción total?

La segunda perspectiva de Whitney sobre su caída al trepar el poste es igual de interesante. Tal vez te anime espiritualmente, como me sucedió a mí. Ella dijo: «No estoy desanimada por haberme caído en el último segundo. Estoy contenta de no haber creído la mentira de que "estar cerca es suficiente". La diferencia entre emoción y devoción puede ser tal vez de unos pocos centímetros, pero la visión resulta radicalmente distinta. La emoción te puede llevar cerca de la cima, pero eso es todo. Solamente la devoción permite que experimentes una visión tan grandiosa que te quita el aliento. Yo obtuve ese vislumbre antes de caerme. Y creo que bien valió la pena el esfuerzo»[14].

Me encanta la sinceridad de Whitney al reconocer que se quedó corta con su devoción. ¡Amiga, yo me siento identificada! ¿Por qué será que no nos sentimos más impulsadas, convencidas y preocupadas por buscar a Dios de todo corazón? Creo que muchas de nosotras nunca nos atreveríamos a creer en la gloriosa posibilidad que a las claras Jesús nos ofrece cuando dice: «El que tiene mis mandamientos, y los guarda, ése es el que me ama; y el que me ama, será amado por mi Padre, y yo le amaré, y me manifestaré a él» (Juan 14:21 RV60).

¿No te fascina? Jesús nos da un mapa de ruta para seguir que nos llevará directo a un gran amor y a una gran revelación.

JESÚS SE REVELARÁ

Antes de seguir avanzando, recuerda que toda esta parte trata acerca de convertirse en algo más que una «buena cristiana» según nuestro pensamiento. En los últimos dos capítulos hemos hablado de liberarnos de los pensamientos negativos que nos distraen y hacer de la realidad de que hemos sido escogidas por Dios el filtro para esos pensamientos. Ahora, en este capítulo, es crucial que comprendamos cómo activar nuestros pensamientos acerca de Dios. Cuando digo activar me refiero a pasar de una expresión de deseos a una manera de caminar más profunda con Dios que realmente ponga en acción ese deseo.

Muy bien, regresemos a Juan 14:21. Pongamos este versículo bajo el microscopio y lleguemos al corazón de aquello que resulta absolutamente posible.

«El que...» Primero: Jesús dice que es posible para «el que». Cada vez que se usa la expresión «el que», significa que cualquiera es elegible. No importa quién seas. No importa lo que hayas hecho. No importa cuántos versículos de la Biblia hayas memorizado o no. No importa cuántas veces hayas asistido a la iglesia. No importa cuántas veces hayas faltado. No importa si tienes un título universitario o si has abandonado el colegio secundario. Cualquiera puede solicitar esa preciosa promesa que Jesús ofrece.

«...tiene mis mandamientos, y los guarda...» ¿Tienes una Biblia? Allí es donde encontramos los mandamientos de Jesús. Si echamos un vistazo rápido a los Evangelios, hallaremos muchos pasajes en los que Jesús claramente nos ordena de qué manera vivir la vida que él planeó para nosotros. Pero los resume en el mandamiento más importante, que se encuentra en Marcos 12:30-31: «"Ama al Señor tu Dios con todo tu corazón, con toda tu alma, con toda tu mente y con todas tus fuerzas." El segundo es: "Ama a tu prójimo como a ti mismo." No hay otro mandamiento más importante que éstos».

Pensemos en esto: Resulta difícil mentir, hacer trampa, robar, traicionar, lastimar, rebelarse, abandonar, ignorar, ocultar, negar, mostrar favoritismo, o hacer cualquier otra cosa de las que se nos dice que nos mantengamos alejados cuando nuestros pensamientos se consagran a amar a Dios y a nuestro prójimo.

Entonces comencemos con esos dos mandamientos básicos y después avancemos sobre algunos más específicos. Un ejercicio interesante sería hacer un reconocimiento de alguno de los Evangelios (Mateo, Marcos, Lucas o Juan) y elaborar una lista que contenga los mandamientos de Jesús. Y luego realmente comenzar a examinar nuestro corazón en relación con ellos. ¿Somos conscientes de esos mandamientos? ¿Estamos dispuestas a obedecerlos? ¿Cuál nos resulta más difícil y por qué?

Recuerda que la vida no es una carrera de velocidad. Si necesitas detenerte en alguna parte de esos mandamientos por un tiempo, entonces hazlo. También puedes preguntarle a él cómo ser una mujer completamente comprometida a obedecer, sin deslizarte hacia un enfoque legalista de la vida. Siempre debemos recordar que nuestra meta es buscar la revelación de Dios. Nuestro objetivo no puede ser simplemente seguir reglas, sino seguirlo a él.

«…ése es el que me ama…» Una vez que comprendemos que este versículo se aplica a todos y nos dice exactamente lo que deberíamos hacer, la recompensa es lo que sigue. Esa persona habla el lenguaje del amor de Dios. Dios dice claramente que aquel que tiene sus mandamientos y los obedece es el que lo ama. Para mí ese es un pensamiento maravilloso. El Dios del universo revela con ternura que él percibe quiénes lo aman. Desea ser amado. Él, que es amor, que está completamente satisfecho, que no tiene ninguna necesidad, elige desear nuestro amor. ¡Seamos fieles en devolverle una fracción del amor que él derrama sobre nosotros! Para hacerlo, debemos obedecerle.

«…y el que me ama, será amado por mi Padre, y yo le amaré, y me manifestaré a él». Esa persona será amada por Jesús y lo experimentará de manera profunda y personal. Jesús se revelará a esa persona. En este punto de la revelación, ver a Jesús ya no es la sensación de una gloriosa posibilidad, sino una realidad que cambia la vida.

Ahora bien, tengo que agregar algo rápidamente aquí. Hace unos años el párrafo anterior habría tocado una fibra tan sensible en mí que me hubiera hecho revolear el libro a través de la habitación. Habría pensado: *¡Cómo se atreve este autor religioso, chiflado y seguidor de las reglas, a escribir un párrafo tan excluyente! Dios ama a todos. Jesús ama a todos.*

Sí, es cierto. Dios y Jesús aman a todas las personas. Pero lamentablemente, no todas las personas aman a Dios. No todas las personas aman a Jesús.

Estos versículos no nos brindan los prerrequisitos para que Dios nos ame. En lugar de eso, Jesús nos explica claramente que si amamos a Dios, si amamos a Jesús, querremos obedecer sus mandamientos. No podremos evitarlo. Nuestro amor por él nos impulsará. Hacerlo ya no será una obligación, sino un deseo. Lo seguiremos, no para ganarnos su amor o para demostrar lo buenas que somos, sino más bien para vivir en su amor y deleitarnos en su bondad.

Si amamos a Jesús,
querremos obedecer sus mandamientos.
Hacerlo ya no será una obligación, sino un deseo.

¿Alguna vez te has atrevido a creer que a Jesús le encantaría revelarse a ti? No en un sentido físico en el que lo podamos ver con nuestros ojos. En cambio, hará que tu alma reviva como nunca antes el ver la evidencia de su presencia constante y coherente en tu vida. Resulta interesante que cuanto más revelación tenemos, más deseamos ser obedientes y amarlo de la manera en que él desea que lo amemos. ¡Se trata de un ciclo hermoso!

VER A JESÚS NOS CAMBIA

Cuando vemos a Jesús somos transformadas. Cambiadas en el mejor de los sentidos. Jesús ya no es un producto de nuestra imaginación o de nuestros pensamientos; se volverá tan real que no podremos hacer nada más que entregarnos completamente a él. Y como dijo Whitney, esa visión de vida es tan grandiosa que quita el aliento y vale la pena ir en pos de ella.

La razón por la que Holly y yo reconocimos a la mujer que no estaba en el avión como una evidencia de la actividad de Dios en vez de como una casualidad es porque no tenemos remedio, en el buen sentido. Casi no puedo hacer nada en la vida sin ver la mano de Dios en ello. Y una experiencia constante con Dios sobre otra van edificando un fundamento seguro de fe.

Por supuesto, esto puede causarnos algunas preocupaciones. ¿Estamos espiritualizando excesivamente la vida? ¿Qué sucedería si esas experiencias no fueran reales? ¿Y qué si una experiencia que yo le atribuyo a Dios en realidad no proviniera de él? Entiendo de dónde vienen esas preguntas. Recuerdo haber sido escéptica. Parte de mí deseaba algo más profundo con Dios, pero sentía temor.

Una buena parte de mí desearía que Dios fuera explicable y seguro. Meterlo en una caja me aseguraría no correr el riesgo de ser interrumpida por él. Yo solo quería hacer mi parte (ser buena) y que él hiciera la suya (bendecirme). Era un arreglo cómodo. Pero también se trataba de la misma perspectiva que adormecía mí espíritu y hacía ineficaz mi fe.

Recuerdo que escuchaba a mis amigas de los estudios bíblicos hablar libremente sobre oír a Dios y verlo en maneras increíbles. Yo las llamaba mis *amigas bíblicas* mientras ponía mis ojos en blanco y mi voz denotaba burla ante su entusiasmo. Recuerdo haber pensado que realmente estaban espiritualizando en exceso la vida y tomando esta cosa de Dios demasiado en serio.

Un día, al poco tiempo, me paré junto al estante de las latas en el almacén. Debe haber habido una oferta de guisantes, porque las latas estaban todas desordenadas. Algunas de ellas estaban caídas de costado, otras hacia arriba; las de judías se habían mezclado con las de arvejas. Estaba todo desordenado y caótico. Me paré allí y deseé que Dios hiciera algo milagroso con esas latas, que me enviara algún mensaje a través de ellas. No pasó nada. Entonces me fui del local furiosa, frustrada, y convencida de que Dios no le hablaba a la gente común como yo.

Mirando hacia atrás, ahora comprendo que yo no estaba en verdad buscando experimentar a Dios. Intentaba que él actuara bajo mis órdenes. Ese día en el estante de los guisantes estaba buscando un truco de magia barata que me asombrara, no una experiencia divina que me cambiara. A Dios no le interesa crear cambios para impresionar a la gente; a él le importa que las personas entiendan la necesidad que tienen de ser transformadas. Y hay una gran diferencia.

Finalmente Dios vino a mí cuando leí *Mi experiencia con Dios*[15], de Henry Blackaby, donde él anima a buscar la actividad de Dios alrededor de nosotros. No había una pizca de duda en la declaración de Blackaby. Él estaba absolutamente seguro de que si deseábamos ver a Dios, lo lograríamos.

El profeta Isaías escribe: «Fuera de ti, desde tiempos antiguos nadie ha escuchado ni percibido, ni ojo alguno ha visto, a un Dios que, como tú, actúe en favor de quienes en él confían» (Isaías 64:4). Este es el mismo versículo que luego el apóstol Pablo parafrasea en su carta a la iglesia de Corinto, en el que habla de una posibilidad gloriosa: «Sin embargo, como está escrito: "Ningún ojo ha visto, ningún oído ha escuchado, ninguna mente humana ha concebido lo que Dios ha preparado para quienes lo aman". Ahora bien, *Dios nos ha revelado esto por medio de su Espíritu*, pues el Espíritu lo examina todo, hasta las profundidades de Dios» (1 Corintios 2:9-10, énfasis añadido).

¿Lo captaste? «Dios nos ha revelado esto por medio de su Espíritu, pues el Espíritu lo examina todo, hasta las profundidades de Dios». Si hemos aceptado a Cristo como nuestro Salvador, tenemos el Espíritu de Dios en nosotros. Por ende, es posible que el Espíritu nos revele las profundidades de Dios.

He escuchado a gente citar este versículo enfocándose en la imposibilidad de ver, oír y concebir lo que Dios ha preparado para los que le aman. Pero ahora veo que, a través del Espíritu Santo, Dios nos está revelando cosas maravillosas *ahora mismo*. Y obviamente, no son cosas que ha preparado para que experimentemos cuando lleguemos al cielo. Dios tiene cosas fantásticas para que experimentemos también aquí en la tierra.

¿Y cómo es que sucede con más frecuencia? Sucede en medio de la vida diaria, a través de las cosas cotidianas. Lo divino se mezcla con lo mundano. Es la sustancia con la que fueron creadas todas las parábolas de Jesús.

Hay un pasaje maravilloso en Mateo que revela algo precioso acerca de este tema: «Les contó otra parábola más: "El reino de los cielos es como la levadura que una mujer tomó y mezcló en una gran cantidad de harina, hasta que fermentó toda la masa". Jesús le dijo a la multitud todas estas cosas en parábolas. Sin emplear parábolas no les decía nada. Así se cumplió lo dicho por el profeta: *"Hablaré por medio de parábolas; revelaré cosas que han estado ocultas desde la creación del mundo"*» (Mateo 13:33-35, énfasis del autor).

Dios predijo en el Antiguo Testamento que Jesús revelaría lo divino (revelaría las cosas escondidas) usando historias de la vida cotidiana de este mundo (parábolas). Ha sido el plan de Dios desde el comienzo revelarse a sí mismo, mostrarnos su actividad y la realidad de su presencia de maneras cotidianas.

¿Entonces qué hacer si no logras experimentar verdaderamente a Dios de esta manera? La Biblia nos dice que los que tienen un corazón puro verán a Dios (Mateo 5:8). No dice que tengamos que tener un corazón perfecto; simplemente dice que tenemos que llegar a un lugar en el que nuestros corazones deseen puramente verlo a él, y seremos capaces de verlo.

Cuéntale a Dios tus deseos. Pídele que te revele aquello que pueda bloquear tu visión. Y después comienza a mirar. Pero recuerda: ver a Dios no tiene el propósito de que nos asombremos. Conlleva el propósito de cambiarnos, de hacernos crecer y fortalecernos para que nos convirtamos en algo más que gente con un mero conocimiento de Dios. Debemos transformarnos en personas que viven en sus vidas la realidad de Dios.

*Ver a Dios no tiene el propósito
de que nos asombremos.*

UNA EXPERIENCIA MÁS CON DIOS

Hace más o menos un año me levanté temprano una mañana y vi algo extraño. Una de las ventanas de mi habitación estaba empañada. Grabados en el vapor de agua había dibujados dos círculos perfectos, que se unían en el centro formando dos anillos de casamiento.

Me quedé perpleja mirando el diseño y traté de elaborar una explicación razonable. No podía ni remotamente imaginarme cómo podían haber sido dibujados dos círculos perfectos en la condensación de mi ventana en lo alto de la habitación.

Más tarde ese mismo día volví a mirar, pero el caluroso sol del mediodía había evaporado la humedad. Los anillos se habían ido. Durante varios días esperé su regreso, levantándome cada mañana ansiosa por ver y considerar el asunto. Pero cuando los días se hicieron semanas, finalmente dejé de buscarlo.

Luego una mañana reaparecieron. Solo que esta vez estuvieron allí durante varias mañanas seguidas. Cada mañana cuando mis ojos se abrían, lo primero que veía eran los dos anillos de boda.

Alrededor de la cuarta mañana me comenzó a doler la cabeza mientras miraba el espectáculo. Una urgencia de repente me traspasó el pecho. Traté de quitármela, pero no pude. Era una convicción. No una convicción condenatoria, sino un tierno convencimiento.

Una convicción tierna de amar a mi esposo más conscientemente. Y no solo en las formas más prácticas, sino en las inconvenientes también. En maneras que precisen de un poco más de intención y esfuerzo. De un modo que es fácil dejar pasar cuando la urgencia de todos los días desplaza o se posiciona como algo más importante que el amor.

Mentalmente hice toda clase de promesas y grandes planes para establecer prioridades. Y por algunos días resultó grandioso. Pero luego la vida siguió su curso… con montones de cosas. Los círculos de la ventana pronto desaparecieron y también mi determinación. Lentamente me deslicé hacia mi cómodo patrón inconsciente.

Bueno, a riesgo de comenzar a parecer una película del canal Hallmark, te diré que los círculos volvieron. No quiero parecer presuntuosa. Pero aparecían muy perfectamente dibujados. Y perfectamente a tiempo. ¿Crees que tal vez, y solo tal vez, un amor de la más divina especie haya descendido para dibujar en una ventana común?

Yo sí.

Y estoy igualmente convencida de que Dios desea hablarte y revelarse a ti en tu vida diaria. Si tan solo abres tu corazón a la posibilidad de que él utilice las cosas de todos los días para cambiarte, hacerte crecer, fortalecerte y recordarte su amor increíble... comenzarás a verlo. Comenzarás a oírlo. Comenzarás a conocerlo con más profundidad. Y querrás seguirlo con más tesón. ¡Qué glorioso sentido de posibilidad encierra eso!

PARTE VI

EN MI LLAMADO

Siempre quise tener un abrigo rojo. Pero pagar el precio de un abrigo nuevo me parece excesivo cuando tengo varios buenos abrigos en mi ropero. De modo que cada año me decidía a esperar hasta que estuvieran en liquidación para poder darme el gusto.

Y cada año, para el tiempo en que los ponían en oferta, el clima ya había cambiado radicalmente. ¿Y quién quiere gastarse el presupuesto mensual de ropa en un abrigo rojo justo cuando el solo hecho de pensar en salir la hace transpirar a una?

Finalmente encontré una tienda de descuentos en la que había una venta de liquidación. En la vidriera se exhibía un abrigo rojo. ¡Y estaba de oferta mientras que todavía hacía frío!

Quise llevármelo entonces. Sin embargo, yo tenía un cupón con un cincuenta por ciento de descuento sobre el precio final que no sería válido hasta la semana siguiente. Eso haría que el abrigo resultara más fabuloso aún, y yo podría mostrarlo con orgullo a todas mis amigas.

Así que colgué mi tesoro de nuevo en el perchero, decidida a volver la siguiente semana.

Dos días más tarde yo andaba por ahí cuando mi esposo con orgullo me llamó para decirme que había llevado varias frazadas a la lavandería. Se había levantado ese día con la decisión de que era necesario lavar las frazadas. Yo apreciaba bastante su consideración, pero entré en pánico cuando me dijo que las había dejado en la secadora pensando que yo podría pasar a buscarlas. Estaba segura de que las frazadas ya no estarían allí. Regla número uno de la lavandería: nunca dejes la ropa sin supervisión.

Para mi deleite, las cobijas estaban esperando por mí cuando llegué. Mientras las recogía, vi a una mujer con dos niños pequeños, todos vistiendo ropas muy raídas. Hablé un poquito con los niños sobre lo divertida que era la época navideña; ellos tenían la mirada perdida y no dijeron una sola palabra. Con el rabillo de mi ojo vi a la madre menear la cabeza. Le deseé feliz Navidad y salí a toda prisa.

Tan pronto como subí a mi auto y comencé a conducir, Dios tocó mi corazón. «Viste a esos niños, pero en realidad no los miraste bien. Regresa. Ayúdalos. Ayuda a su madre».

Sin embargo, estaba en un apuro, no tenía nada de dinero en efectivo. ¿Cómo podría ayudar? ¿Qué pensaría ella de mí? ¿La ofendería si le daba un cheque? Ni siquiera sabía su nombre como para hacerle un cheque.

Estacioné el auto, saqué mi chequera y de pronto supe la cantidad exacta que debía darle. El precio que hubiera pagado por ese abrigo rojo si no hubiera estado de oferta.

Caminé nuevamente hacia la lavandería y le entregué el cheque. «Solo tiene que escribir su nombre ahí, y le prometo que mi banco le dará el efectivo. No es mucho, pero me encantaría que lo tomara y comprara algo divertido para sus niños en esta Navidad».

Sorprendida, la mujer me agradeció. Cuando me di vuelta para marcharme, ella dijo su nombre, el que Dios tenía esculpido en la palma de su mano, el que ama y escucha y cuida con tanto cariño.

Lo gracioso fue que al día siguiente regresé al comercio en el que vendían el abrigo rojo para devolver unos pantalones que había comprado. No había ya ninguno de los abrigos rojos que tanto me habían gustado. Entonces me compré una bufanda roja de oferta, y sonreí porque en ese momento supe que había cumplido mi llamado para aquella página de mi vida.

Al comenzar esta sección del libro que trata sobre convertirnos en más que «buenas cristianas» en cuanto a nuestro llamado, quiero asegurarme de que sepas un par de cosas. Tú tienes un llamado, un llamado único y maravilloso de parte de Dios para cada día de tu vida. Hoy puede ser en la lavandería del vecindario, mañana podría ser en una conversación telefónica con una amiga. Donde sea, y para lo que fuese, tú fuiste creada a fin de participar de la actividad divina de Dios.

Mi llamado es a ser madre, esposa, predicadora, escritora y amiga. Tu llamado puede ser completamente diferente. (Ciertamente espero que pases menos tiempo que yo en el cuarto de lavado de ropa). No obstante, cualesquiera sean los detalles de tu vida, tenemos una cosa en común: fuimos creadas para descubrir nuestra historia de amor con Dios. En los siguientes tres capítulos aprenderemos lo que significa vivir a plenitud con Dios en el lugar en el que él nos ha puesto, descubrir el poder de las oraciones peligrosas y echarle un vistazo al asombroso momento para el que nuestras almas fueron creadas.

Aguanta, hermana mía, el último tramo de este viaje será como un galope salvaje.

CAPÍTULO 16

ENCONTRAR A DIOS EN LOS LUGARES MÁS INSÓLITOS

Nunca olvidaré la primera vez que asistí a una convención editorial, aturdida por el entusiasmo y armada con quince copias de mi propuesta de libro. Estaba en una misión mayor que la de una egresada universitaria en busca del anillo de diamantes que la convirtiera en la «señora de».

Mis zapatos taconearon por todo el piso de la convención, organizando citas y orando para que a alguien, a alguno, le gustaran las palabras que yo había incluido en esas carpetas profesionales color púrpura.

Porque, en realidad, nada anuncia mejor a una «autora exitosa» que una carpeta púrpura de marca Office Max.

Mi última entrevista del día fue con una de las compañías más grandes y respetables del mundo editorial cristiano. No podía creer siquiera que estuvieran dispuestos a hablar conmigo. En serio, me pellizcaba en la sala de espera. Resultaría convincente y elegante tener marcas rojas por todo el brazo cuando me encontrara con este editor. De veras.

Los pellizcos anduvieron bien, pero vi que el editor ponía mi amado manuscrito en una esbelta pila de lo que parecían ser cientos de amados manuscritos de otra gente. Y luego me acompañó a la salida con alguna versión de las famosas palabras finales: «No nos llame, nosotros la llamaremos».

Sin embargo, no todo estaba perdido, porque afuera de la sala de reuniones una famosa autora estaba haciendo relaciones públicas. Ella se encontraba en su *época de oro*. Y aunque me emocionó ponerme en la fila para saludarla y recibir una copia gratis autografiada, me conmovía más la bandeja de frutillas bañadas en chocolate que se encontraba al otro lado de la sala. No había comido nada en todo el día. Esas frutillas eran un oasis en medio del desierto seco y agobiante del rechazo.

Quién necesita un contrato de publicación cuando se le pueden dar a esa mujer hambrienta unas frutillas cubiertas con la cura a todos los desánimos: chocolate. Casi no recuerdo haber saludado a la autora y no estoy segura en cuanto a si tomé una copia de su libro, pero nunca olvidaré la delicia en que estaba envuelto aquel pequeño fruto rojo.

En realidad las frutillas estaban tan buenas que tenía que tomar otra. Pero la dama que sostenía la bandeja tenía una mirada que indicaba: *Solo sírvete una o de lo contrario…* Entonces se me ocurrió el brillante plan de ponerme en la fila otra vez. Quiero decir, ¿quién se acordaría de *mí*?

Me puse en la fila nuevamente, saludé a la autora por segunda vez y finalmente pasé a recibir otra frutilla. Estiré el brazo, se me hacía agua la boca, al punto que tuve que aspirar bastante aire como para no babear. Justo cuando mis dedos estaban ubicados en perfecta posición para tomar la frutilla, una palmada que podría haberse oído en todo el globo de pronto golpeó el reverso de mi mano.

De allí en más todo sucedió en cámara lenta. Todos los ojos apuntaron hacia mí. Y la guardiana de las frutillas me retó de un modo muy drástico:

¡TÚ NO PUEDES VOLVER A TOMAR OTRA FRUTILLA!

Hubiera pagado todo el dinero del mundo para que el piso de la convención se abriera y me tragara viva. Sería conocida para siempre como la glotona aspirante a autora que trató de tomar dos frutillas y por eso recibió una palmada en la mano. Hasta que, por supuesto, todo el mundo lo olvidó dos segundos más tarde. Pero yo y mis zapatos «ruidosos» nunca olvidaremos ese día.

Muchos años más tarde, y luego de haber recibido muchas cartas de rechazo, finalmente regresé a esa misma convención. Esta vez como autora de esa editorial. Y en vez de llevar pilas de propuestas en carpetas púrpura, estaba en la habitación de mi hotel preparándome para asistir al piso de la convención a firmar mis propios libros.

Otra vez me sentía nerviosa. Y otra vez decoraba mis brazos con pellizcos rojos, cuando de repente llamaron a la puerta. Atendí y no pude contener la risa por lo que el botones me entregó.

¡Yo y mis zapatos de tacón le agradecimos, cerramos la puerta y dimos vueltas alrededor de la habitación, llevando en las manos la más grande bandeja de frutillas con chocolate que jamás hubiéramos visto!

VER A DIOS EN LAS COSAS DIFÍCILES

La vida finalmente encuentra la forma de «pegar la vuelta». A veces de la manera que esperamos; otras, de una manera completamente sorprendente. Las palabras del apóstol Pablo me han confortado y ayudado a seguir luchando cuando en verdad me siento muy débil como para encarar un nuevo día:

Así mismo, en nuestra debilidad el Espíritu acude a ayudarnos. No sabemos qué pedir, pero el Espíritu mismo intercede por nosotros con gemidos que no pueden expresarse con palabras. Y Dios, que examina los corazones, sabe cuál es la intención del Espíritu, porque el Espíritu intercede por los creyentes conforme a la voluntad de Dios. Ahora bien, sabemos que Dios dispone todas las cosas para el bien de quienes lo aman, los que han sido llamados de acuerdo con su propósito (Romanos 8:26-28).

Observemos un par de cosas en este pasaje. No dice que Dios hace todas las cosas de manera que nos sintamos felices. Tampoco señala que Dios hace las cosas en el tiempo en que nosotros deseamos.

Descubrir que de lo malo surge algo bueno lleva su tiempo. Pero puede ser un tiempo bien invertido si nos lleva a comprender que es más importante seguir a Dios que seguir lo que *nosotros* creemos que es el mejor camino para nuestra vida.

Si yo hubiera escrito el libreto de mi vida, habría diseñado una ruta mucho más corta para lograr que se publicara mi libro. Definitivamente hubiera dejado fuera todas las cartas de rechazo y esa palmada en la mano. Pero ahora me doy cuenta del propósito de todo aquello. Me humilló y me enseñó la belleza de confiar en que Dios dirija mi vida (Santiago 4:10).

Ver que de lo malo surge algo bueno lleva su tiempo.

No poder concretar esas oportunidades con anterioridad no fue la manera en que Dios *me impidió cumplir con mi llamado*, sino su modo de *prepararme para él*. Ese proceso de humillación terminó siendo emocionante. Encontré a Dios de una manera más profunda durante esos días solitarios en los que presenté propuestas de libros que nunca se publicaron y artículos de los que solo mis amigos llegaron a disfrutar. Pero Dios fue fiel, y aunque mi ministerio se mantuvo dentro de una escala pequeña durante varios años, aun así resultó fructífero.

Dios usó ese tiempo de preparación para que aprendiera a apasionarme tan solo por seguir sus planes. Convertirnos en más que «buenas cristianas» significa esperar el tiempo de Dios, y esperar todo lo bueno que él está obrando en nosotras. Y cuando ya estamos listas para avanzar, convertirnos en «buenas cristianas» significa recordar que debemos ayudar a los que vienen detrás de nosotros. Eso nos asegura que nuestro llamado no tenga que ver solamente con nosotras mismas.

RECORDAR A LOS QUE VIENEN DETRÁS

Hace poco fui a una convención de la cadena de restaurantes Chick-fil-A con mi esposo Art, que tiene una franquicia de esa popular cadena. Las convenciones de ellos se parecen más a un encuentro de avivamiento que a una reunión de negocios. Este año no fue la excepción, ya que muchos de los oradores nos desafiaron a buscar a Dios como nunca antes.

Después de una de las sesiones me encaminé directo al baño, como cualquier mujer que toma mucho café y gaseosas dietéticas. Ya se había formado una larga fila y tuve que esperar mi turno hasta que se desocupara uno de los compartimientos. Cuando finalmente alcancé mi destino, me di cuenta de que la mujer que había estado antes que yo había olvidado allí su carpeta de la convención.

No me fijé en quién había salido de ese baño en particular, así que miré a mis alrededor buscando a alguien que tuviera las manos vacías. Como no tuve éxito en hallar a la dueña allí en el baño, abrí la carpeta para ver si había algún nombre escrito adentro, y las primeras palabras escritas a mano con que me encontré fueron «ministerio a las mujeres». A riesgo de ser totalmente impertinente, seguí leyendo. Básicamente lo que la dueña de la carpeta había escrito era que este sería el año en el que finalmente llevaría a cabo el ministerio a las mujeres que Dios había puesto en su corazón.

Mientras leía esas palabras, sentí la invitación de Jesús que me decía: «Sígueme», y no dudé en decirle que sí. En el camino a vivir plenamente con Dios cada día he descubierto el tesoro de la expectativa. Le pido al Señor que me ayude a vivir con la expectativa de experimentarlo; por lo tanto, lo hago. No es que ando por ahí metiéndome en cada situación que surge a mi alrededor. Pero sí le pido a Dios que me haga sabia para estar atenta a las oportunidades que son para mí. Ese día supe exactamente cómo seguir completamente a Jesús en esa situación.

Al salir del baño corrí hacia Mark, un querido amigo nuestro que trabaja en las oficinas de la empresa Chick-fil-A. Él se dirigía hacia la mesa de informes de la conferencia y le pregunté si podía poner aquella carpeta en la sección de objetos perdidos. Hice una pausa antes de entregarle el cuaderno y enseguida le conté lo que había visto escrito adentro.

«Creo que debo escribir una nota dentro de esta carpeta», le dije.

«Adelante», respondió, «te espero».

A riesgo de que esa mujer pensara que yo estaba loca, saqué mi lapicera y simplemente escribí en un costado: «Tal vez te pueda ayudar con esto. Llámame si quieres. Lysa TerKeurst de Ministerios Proverbios 31». Agregué mi número de celular y le entregué la carpeta a Mark.

Pasaron los días, la conferencia terminó y no supe nada más. Una semana más tarde me había olvidado por completo del episodio. Y entonces sonó el teléfono.

Desde el comienzo de mi conversación con Tracey pude decir que Dios mismo arregló este encuentro divino. Para abreviar la larga historia diré que aquella simple nota fue la confirmación de Dios que ella había estado pidiendo fervientemente en oración. Tracey y yo quedamos impresionadas. Más tarde ella me envió una nota en la que expresaba sus pensamientos:

> Lysa:
> ¡Quedé completamente enloquecida cuando vi tu nota adentro de mi cuaderno! Era como si Dios me hubiera escrito una nota personal para decirme que me amaba, que conocía los deseos de mi corazón y que nadie más que él sería el que se encargaría de que esto sucediera. Mi corazón latía a toda velocidad, mis manos comenzaron a temblar y no pude oír nada más de lo que sucedía en esa sala. Sinceramente me quedé perpleja mirando la nota por un buen rato. ¿Cuáles son las probabilidades de que entre las mil quinientas mujeres que había en la conferencia y los cientos de retretes disponibles yo olvidara mi carpeta en el compartimento al que tú ibas a entrar después? Además de eso, ¿cuáles son las probabilidades de que lo abrieras justo en la página en que yo había escrito mi visión y la leyeras?
>
> Eso fue ciertamente un arreglo sobrenatural. ¡Me confirmó que Dios no solo había puesto su deseo en mi corazón, sino que él seguiría hasta el final para verlo cumplido! Nada me detiene ahora. He pasado por meses muy pesados y ahora sé a qué se debía todo eso. Algo *grandioso* estaba a la vuelta de la esquina. Justamente la semana pasada, después de hablar contigo, Dios comenzó a abrir puertas de maneras que no podrás creer. (Bueno… ¡sí lo creerás!). Gracias por obedecer y escribir la nota y por ser de tanta inspiración.
> Tracey

Mi encuentro con Tracey fue otro recordatorio de que cuanto más seguimos a Jesús, más nos enamoramos de él, más queremos obedecerlo, experimentar la vida con él, y convertirnos en un faro de luz para otros.

¿Sientes que en tu corazón algo te arrastra a vivir plenamente con Dios, pero todavía tienes dudas en cuanto a seguirlo? ¿Por qué no le pides que se revele a ti en los próximos días y te confirme exactamente lo que tiene para tu vida? La aventura que seguirá después simplemente puede dejarte boquiabierta.

¿Puede resultar incómodo? Tal vez.

¿Te costará como para que de alguna manera te sientas exigida? A veces.

¿Te obligará a vivir con un enfoque menos centrado en tu persona? Sí.

¿Vivir siguiendo a Jesús en todo trae un gozo que no se puede obtener de ninguna otra manera? Absolutamente.

Es aquello para lo que tu alma fue creada. Es la manera más cotidiana de descubrir tu propósito en la vida.

Recientemente leí una entrada en un blog que me tocó. La autora es Lisa Spence, una mujer que está aprendiendo a encontrar su propósito a través de esperar, observar y desear nada más que a Cristo.

Lisa desea entrar al ministerio. Ella ha buscado a Dios y le ha pedido que le aclarara sus planes. Como le encanta enseñar la Palabra de Dios y siente que Dios la ha dotado para eso, se preguntó si podría convertirse en una predicadora o maestra. Esperó que la llamada de la oportunidad sonara. Pero no sonó.

A Lisa también le encanta escribir y descubrió que una gran editorial cristiana estaba aceptando manuscritos inéditos para estudios bíblicos enfocados en la mujer. Redactó una propuesta, la editó furiosamente, la reescribió frenéticamente, y finalmente la envió. ¡Tal vez esa fuera su oportunidad de entrar al ministerio! Pero no lo fue.

El Señor ciertamente es fiel y a través de estas dos experiencias le enseñó a Lisa el valor de la vida simple y común. En su blog ella cuenta algunas tiernas revelaciones:

> Se volvió un privilegio servir al Señor, ya sea que me llamara a cosas grandes o a lo pequeño. Exaltarlo como mi mayor tesoro en medio de todo lo cotidiano, cuando estoy en la fila de los automóviles, cuando realizo el lavado de la ropa, al escribir en mi blog, e incluso al limpiar la casa ocasionalmente.
>
> Hace más o menos un mes tomé parte en una conversación en la que alguien describía a una compañera profesional con gran entusiasmo, hablando de su excelencia y del gran potencial que tenía en cuanto a su profesión.

Por primera vez en mi vida temí haber cometido un error. Mi corazón se congeló al preguntarme si se suponía que yo debía ser alguien, o hacer algo. Sé que suena estúpido, pero deseé que alguien hablara de mí y de mi potencial en esos términos tan espléndidos.

Al sentir esa conocida punzada de temor e inseguridad acerca de mi lugar en el mundo, veo que vuelvo a aprender la misma lección: estoy en el lugar que Dios preparó.

Aquí, elijo el contentamiento cuando el mundo me dice que luche por lograr el éxito. Solo él pudo haberme traído a este lugar. Solo él puede mostrarme el gran gozo de hacer todo (¡todo!) para su gloria. Solo él vale más que ningún otro gozo en este mundo, ¡incluso el gozo de escribir estudios bíblicos o predicar en eventos de mujeres! Solo él es digno y solo él merece que le entreguemos todo, todo.

¿Qué piensas que necesitas? ¿Qué crees que quieres? ¿Qué pienso yo? Entreguemos todo eso y encontrémonos allí donde nunca soñamos estar: en el lugar en el que todo es basura comparado a la supereminente gloria de conocer a Cristo. ¡Él es el único tesoro del que vale la pena ir en pos![16]

Muchas personas piensan que encontrar la razón por la que Dios nos puso aquí en la tierra vendrá a través de una sola tarea que lo abarque todo y venga acompañada de un gran título y una descripción completa del trabajo. Creo que descubrir nuestro propósito es algo que se desarrolla lentamente, como una semilla plantada en lo profundo de la tierra.

Cada día una semilla abraza la tarea puesta delante de ella. Hoy tiene que abrazar el suelo oscuro en el que ha sido plantada. Mañana, tal vez, no resistirse ante el agua que literalmente la lleva a desintegrarse y fracasar. Y luego en una o dos semanas, un brote verde se abrirá paso y saldrá de ese lugar tan oscuro y húmedo. Al final la semilla florecerá y revelará exactamente lo que siempre se supuso que sería. El potencial de la semilla está encerrado y su propósito se revela al aceptar cada una de las circunstancias que Dios coloca en su camino. ¿No es glorioso que la naturaleza no se resista a Dios? Lamentablemente, muchos de los hijos de Dios no pueden decir lo mismo.

¿No es glorioso que la naturaleza no se resista a Dios?
Lamentablemente, muchos de los hijos de Dios
no pueden decir lo mismo.

Así que solo por hoy viviré de este modo. Solo por hoy tomaré la decisión de no estar cómoda. Solo por hoy no dejaré que las sutiles influencias del orgullo y de pensar que sé lo que es mejor para mí nublen el deseo de tener más de Dios en mi vida. Hoy creeré con absoluta certeza. Hoy obedeceré con completa rendición. Hoy buscaré con total abandono. Porque hacer esto es cumplir el propósito para el que fui creada… no a fin de procurar gloria para mí misma a través de algún gran logro, sino para darle gloria a Dios al hacer de él el mayor deseo de mi corazón.

Ah Dios, que pueda tomar esa decisión hoy. Aun cuando fuera tan solo por un día (¡cómo quisiera que fueran más!) pero incluso si fuera solamente por hoy, que sea completamente así. Porque un día contigo es verdaderamente mucho mejor que mil días en cualquier otro lugar.

¿Por qué a menudo me conformo con menos de lo que Dios tiene para mí? ¿Qué sucedería si verdaderamente viviera hoy en completa obediencia a la Palabra de Dios y en sintonía con su voz? ¿Qué ocurriría si antes de cada decisión que debo tomar hoy presentara mis opciones al Señor y eligiera la obediencia por encima de la conveniencia, y la justicia por sobre mis propios derechos?

Dios nunca me ha pedido que hiciera grandes cosas para él. Todo lo que siempre ha requerido de mí es que permita que su grandeza entre en mí, me cambie desde adentro y se revele a través de mi vida. No hacer cosas para él, sino simplemente estar con él. Y cuando esta aventura terrenal finalice, veré a Dios cara a cara, y tal vez saboreemos juntos una gran bandeja de plata con frutillas recubiertas de chocolate.

CAPÍTULO 17

HACER ORACIONES PELIGROSAS

Cada verano paso una semana con mi familia en un campamento familiar en las montañas Adirondack. Me encanta ese lugar. A mi esposo también le gusta. Y aunque nuestros hijos tienen edades que van desde la escuela primaria hasta la universidad, a todos ellos también les encanta. Combina paisajes espectaculares con un tiempo familiar divertido y así logramos unas lindas vacaciones.

Pero lo que no es divertido es que aun cuando todo parece perfecto, algunas pequeñas cosas… pequeñas cosas tontas… pueden minar la paz de nuestro corazón. Eso sucede especialmente cuando caemos en la trampa de hacer de nuestros deseos el enfoque principal de nuestras oraciones en vez de poner a Dios en el centro.

Hace unos años Art y yo teníamos un compromiso para hablar en este campamento sobre el tema «Darle una visión espiritual a la familia». Parecía que yo hubiera tenido sobre la frente un cartel rojo que decía: «Vamos Satanás, te estoy esperando».

El ataque comenzó temprano esa mañana con una situación referida al tiempo de la ducha. Había cuatro adolescentes, una princesa de nueve años y un maridito al que le gusta estar limpio, todos usando el mismo pequeño baño de una pequeña cabaña. Una oportunidad para compartir en los días normales, pero no en aquel día.

Yo fui la última en ducharme. Y la que tenía más apuro en estar lista. *¡Hooola, famiiilia! ¿Quién es la que tiene que predicar hoy y tan solo necesita llegar tranquilamente al santuario adolescente?*

Ajá.

Cuando finalmente lavé, sequé, alisé y vaporicé los treinta y ocho mil cuatrocientos setenta y dos pelos de mi cabeza, comencé a desfilar taconeando con mis pequeños zapatos de oradora por el campamento.

En ese preciso momento a un chaparrón se le ocurrió burlarse de todos mis esfuerzos. Mi Biblia demostró ser un buen techo, al menos protegió mi flequillo. Y, de veras, impedir que la lluvia alcance un flequillo estilo sureño es de suma importancia.

Finalmente llegué al auditorio con la mitad de mi cabello luciendo como un erizo. Y entonces me di cuenta de que, a causa de todo el spray y todo el alisado y de usar la Biblia como resguardo, había olvidado mis notas en la cabaña.

¡Socorro!

Debe ser una broma.

En este punto no tenía ningún tipo de visión espiritual, y mucho menos el deseo de hablar durante la siguiente hora (una hora en la que tendría que estar de pie ante otros seres humanos que me mirarían raro, como a una rata ahogada con la pelambre de su peinado afro erizado).

¿Alguna vez deseaste que Scotty te transportara en su nave? Yo hubiera estado agradecida de poder reducirme a un millón de partículas espaciales si eso significara poder teletransportarme y aparecer en la cabaña para hacerme de mis notas sin tener que volver a mojarme. Pero como Scotty solo lo hace con personas que caminan en las estrellas y no en un campamento pasado por agua, comencé a chapotear por el predio rumbo a la cabaña.

Tuve una charlita sincera con el Señor sobre la programación de sus lluvias. Bueno, en realidad estaba haciendo pucheros y quejándome: «¿No me ves Señor? ¿Por qué la lluvia justo ahora?».

De repente, una amiga salió de alguna parte con un paraguas abierto y dijo simplemente: «Lysa, necesitas esto». Le di las gracias, tomé el paraguas y seguí mi camino… seca. Levanté el paraguas hacia el cielo y comencé a girarlo por encima de mi cabeza.

Sonreí.

Dios una vez más había hecho provisión para mí, pero solo después de que me había mojado, frustrado y enfrentado cara a cara con algo bastante feo en mi corazón.

¿Por qué cuestionaba el hecho de que yo le importara a Dios? Una pequeña lluvia había caído sobre mi vida ese día. Los sucesos previos a mi charla no habían sido precisamente buenos. Mi cabello estaba erizado y mis notas un poquito mojadas y borrosas. ¿Por qué no había podido tomarlo todo con calma y negarme a la voz insistente de Satanás desde el inicio?

Me di cuenta de que la mayoría de las veces en mi vida espiritual no son las cosas grandes las que me tientan a salirme del camino, sino la acumulación de pequeños inconvenientes diarios que Dios podría solucionar, pero no lo hace.

¿Qué sucedería si en vez de considerar esas contrariedades como molestias, las viera como recordatorios de que necesito acudir a Dios? ¿No dice acaso la Biblia: «Acérquense a Dios, y él se acercará a ustedes» (Santiago 4:8)? Mi persona, totalmente empapada, con el cabello erizado, los zapatos ruidosos y las notas olvidadas, determinó que esa caminata no planeada me había hecho mucho bien.

¿Qué sucedería si en vez de ver las contrariedades
como molestias, las viera como recordatorios
de que necesito acudir a Dios?

Ese mismo día por la tarde estaba sentada en mi cama hablando con Dios mientras miraba por la ventana el más glorioso atardecer. De pronto sentí algo parecido a la primera vez que mi padrastro y yo tuvimos una conversación franca como adultos después de que yo tuve mis hijos; aunque ya le tenía respeto como figura paternal sobre mí, de algún modo quería alcanzar también el título de amiga.

Ese era el modo en que me sentía con Dios esa noche. Como si estuviera sosteniendo una conversación informal no solo con mi Padre celestial, sino con mi amigo. Nunca podré explicarme cómo a Dios le es posible ser las dos cosas al mismo tiempo.

¿Es este pensamiento un poco irreverente? No, pero sorprende. Dios dedicaba tiempo para hablar conmigo. Tiernas sugerencias inundaban mi mente, cosas que nunca hubiera pensado por mí misma. Supe que venían del Señor.

Fragmentos y pequeñas porciones de las Escrituras se entremezclaban y me hacían sonreír. Me confirmaban que, por cierto, era Dios el que me hablaba. Aquello hizo que nuestra conversación fuera cómoda y familiar. Así como con un amigo, que tiene ciertas maneras de decir las cosas y que cuando habla casi podemos terminar algunas de sus oraciones, porque sabemos exactamente a dónde va llevando la conversación.

Ese no fue un tiempo oficial de oración con Dios. No tenía mi cabeza inclinada, mis manos cruzadas ni mis ojos cerrados. Y no estaba buscando respuestas de parte del Señor. De hecho, por primera vez en mucho tiempo no le pedía nada. Simplemente estaba ahí, sentada en su presencia, solo para estar con él.

En su libro *Personal God* [Un Dios personal], Tim Stafford escribe: «Obtener respuestas a tus preguntas no basta. Una máquina hace eso si se lo ordenas. Pon un dólar en una máquina expendedora y saldrá algo. Solo un amigo hablará contigo sobre lo que te perturba o te dará un consejo cuando busques dirección para tu vida»[17].

En ese tiempo distendido, pero sumamente santo, le dije a Dios lo mal que me había sentido porque algo tan trivial como la lluvia y un peinado me habían sacado de quicio. Casi esperaba que Dios con dulzura me respondiera señalando cuántos cabellos tengo en mi cabeza, y que él me ama tenga el pelo erizado o liso.

En cambio, de pronto comprendí una pequeña falla que había en mi vida de oración. Cuando medité sobre la manera en que oraba, me di cuenta de que muy a menudo mis oraciones parecían centrarse en torno a las formas en que deseaba que Dios me bendijera:

Dios, bendice a mis hijos y cuídalos.

Dios, bendíceme a mí y a mi familia con buena salud y cuerpos fuertes y hábiles.

Dios, bendice mi ministerio y ayúdanos a alcanzar eficazmente a las personas para ti.

Dios, bendice mi hogar y que siempre pueda ser un oasis para los que viven allí y para los que nos visitan.

Dios, bendice la empresa de mi esposo.

Dios, bendice los esfuerzos de mis hijos en el colegio.

Dios, bendice esta comida que tan ricamente nos provees.

Dios, bendice nuestro día hoy.

Dios, bendíceme mientras me preparo para hablar en tu nombre y cuida que la lluvia no estropee mi peinado y mis notas.

Ahora bien, ninguna de esas oraciones es mala, si hubiera tal cosa como una oración mala. Son oraciones sinceras, hechas de corazón, oraciones comunes, las oraciones de muchas mujeres que quieren estar a la altura de la difícil tarea de cuidar de sus familias. Están todas bien, aunque no la última; esa solo tiene que ver con mi problema.

Sin embargo, son oraciones levemente fallidas porque ponen mis expectativas en que Dios haga lo que yo quiero, sin tomar en consideración el plan mayor de Dios. Hago que Dios atrofie mi crecimiento cuando le pido según mi conveniencia y comodidad en vez de pedirle que me haga crecer hasta llegar a ser una mujer de carácter, perseverancia y madurez.

Solamente queremos rozar superficialmente la promesa que Jesús nos hace cuando dice: «Pidan, y se les dará; busquen, y encontrarán; llamen, y se les abrirá la puerta. Porque todo el que pide, recibe; el que busca, encuentra; y al que llama, se le abre» (Lucas 11:9-10). Sí, queremos las promesas, pero no deseamos que se nos llenen las uñas de tierra durante el proceso. Queremos situaciones confortables, pero resistimos todo cambio transformador que resulte necesario. Ah, queremos los dones que se nos prometen aquí, pero me pregunto si el tesoro verdadero no es llegar al lugar en el que queramos al Dador más que a ninguna otra cosa.

Queremos las promesas,
pero no deseamos que se nos llenen
las uñas de tierra durante el proceso.

Nancy Guthrie una vez escribió un artículo titulado: «Oraciones que mueven el corazón de Dios». En ese fascinante texto ella dice:

> Hay mucho que podemos desear: cuerpos sanos, restauración de las relaciones, un cambio de circunstancias. Pero pedir, buscar y llamar no son fórmulas secretas para obtener lo que queremos *de parte de* Dios; son formas de tener más *de* Dios. Cuando escucho a Dios hablarme a través de su Palabra, él me da más de sí mismo de una manera nueva y más plena. Entonces, si la sanidad no viene, si las relaciones siguen deterioradas, o si las presiones aumentan, tengo la oportunidad de descubrir por mí misma que con él me basta. Su presencia es suficiente. Su propósito lo es [18].

Nancy continúa contando que al cambiar sus oraciones para lograr conocer más a Dios en vez de obtener lo que ella desea de él, ha comenzado a experimentarlo de una manera más profunda que nunca.

El autor John Piper coincide en este tema: «Cuando los seres humanos olvidan a su hacedor y aman más las otras cosas, se vuelven como las cosas que aman: pequeños, insignificantes, ingrávidos, intrascendentes, y empequeñecen a Dios» [19].

Deseo con todo mi corazón jamás empequeñecer a Dios amando las cosas sin importancia. En lugar de eso, quiero engrandecer a Dios a través de disminuir las cosas más pequeñas. Que pueda tener menos de mí, menos de este mundo, menos de lo temporario… para ser una vasija más llena de Dios, más llena de perspectivas eternas, más llenas de su eternidad. ¿Es este tu deseo también? Tal vez sea tiempo de hacer oraciones más peligrosas.

ORACIONES PELIGROSAS

La pregunta más lógica a la luz de todo lo que hemos dicho en este capítulo sería: «Entonces, ¿cómo deberíamos orar?». En vez de preguntar *cómo*, deberíamos preguntarnos *por qué*. ¿Por qué oramos? ¿Para tener cosas o para tener a Dios?

Todavía presento mis peticiones a Dios, pero trato de resistir la tentación de hacer de ellas el centro de mi oración. Más bien estoy aprendiendo a enfocarme en tres cosas simples y sencillas: alinear mi corazón con el de Dios, escapar de mis propias perspectivas de vida egoístas y escuchar, realmente escuchar a Dios.

En vez de llenar mi tiempo de oración con *mis* palabras, quiero pasar más tiempo escuchando lo que él tiene que decirme. El poder aparece en nuestras oraciones no cuando estas suenan poderosas, sino cuando estamos atentos a escuchar el más leve de los susurros de aquel que es todopoderoso. Eso fue lo hermoso de mi tiempo con el Señor esa tarde en el campamento, mientras contemplaba aquel bello atardecer.

El poder aparece en nuestras oraciones no cuando estas suenan poderosas, sino cuando estamos atentos a escuchar el más leve de los susurros de aquel que es todopoderoso.

Después de permanecer sentada con él por un largo rato, escuchando aquellas suaves convicciones que sabía que venían de él recorrer mi corazón, finalmente dije en voz alta: «Perdóname por orar siempre: "Señor, bendíceme". Dame el valor para orar a veces: "Dios, moléstame… para que recuerde constantemente que debo ir a ti. Interrúmpeme, Señor. Sacude todo en mí, Señor. Revela lo que está en mí que no es tuyo, Señor. Y, Señor, más que cualquier otra cosa, quiero más de ti"».

En ese momento pude oír a mi amiga Suzy gritar desde afuera de nuestra cabaña: «Lysa, ven y mira». Supuse que quería que viese la puesta de sol. Pero cuando salí y giré hacia donde ella señalaba, no era el atardecer lo que surcaba el cielo, sino un glorioso arco iris. Me cortó la respiración.

La vista panorámica del cielo ese atardecer fue distinta de todo lo que había visto en mi vida. De un lado de la montaña las nubes se arremolinaban y se mezclaban con los rayos del sol poniente, y del otro lado destellaba un arco magnífico, lleno de colorido y promesas.

Me llevé la mano al corazón al sentir a la creación de Dios exclamar: «El Señor no está solamente cerca… se deleita, danza, habla, nos atrae, y aun pinta en medio de nosotros».

Esa es la belleza de hacer oraciones peligrosas, invitando a la presencia divina a entrar en momentos que de otro modo serían puramente rutinarios. Son oraciones peligrosas no porque traigan riesgo a nuestras vidas. Son peligrosas porque nos cambian, y la mayoría de nosotras considera el cambio como algo atemorizador. En esa etapa de mi vida, mis oraciones peligrosas eran:

> *Dios, moléstame…*
> *para recordarme constantemente que debo acercarme a ti.*
> *Interrúmpeme, Señor.*
> *Sacude todo en mí, Señor.*
> *Revela lo que hay en mí que no procede de ti.*
> *Y, Señor, por sobre todo, quiero más de ti.*

No obstante, por favor, no las uses como una fórmula. Improvisa tus propias oraciones peligrosas para elevarlas durante tus conversaciones diarias con Dios. Pasa algo de tiempo, como lo hice yo, contemplando la creación de Dios, escuchándolo a él.

Al principio tal vez no oigas nada. El silencio puede ser ensordecedor, frustrante, y puedes sentirte desilusionada. Pero no dejes de sentarte un rato con Dios. En algún punto, cuando Dios sea el deseo más profundo de tu corazón, lo oirás.

Así como le prometió a Jeremías que traería a su pueblo de regreso del exilio, él será fiel en llevar tu corazón fuera del caos al que está acostumbrado e introducirlo a la dulce quietud de su presencia. «"Entonces ustedes me invocarán, y vendrán a suplicarme, y yo los escucharé. Me buscarán y me encontrarán, cuando me busquen de todo corazón. Me dejaré encontrar —afirma el SEÑOR—, y los haré volver del cautiverio. Yo los reuniré de todas las naciones y de todos los lugares adonde los haya dispersado, y los haré volver al lugar del cual los deporté", afirma el SEÑOR» (Jeremías 29:12-24).

Ya sea que nuestra cautividad sea nuestro propio egocentrismo, el temor al cambio, las dudas sobre si Dios de verdad le habla a la gente, o una incertidumbre en cuanto a si realmente queremos oír lo que él tiene que decirnos, es posible ser libres. Libres para experimentar la vida con él. Y lo mejor de todo, libres para ser transformadas más y más a su imagen.

Cuando vuelvo a pensar en aquel día lleno de lluvia, notas borroneadas y cabellos erizados, veo las cosas de una manera muy distinta.

Si hubiera sabido sobre el don que ese día traería a mi vida, no me hubieran importado tanto los pequeños contratiempos. Ver ese arco iris atravesando el cielo valió por cada gota de lluvia que me incomodó.

Mi esperanza ahora es recordar la gloriosa enseñanza de ese día. Para que, cuando las lluvias lleguen en el futuro, y ciertamente lo harán, yo recuerde elevar oraciones más peligrosas y vivir más expectante de experimentar al Dios que reside en medio de nosotros.

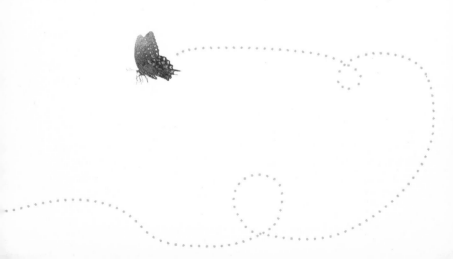

CAPÍTULO 18

POR LA ETERNIDAD

Fue una de las celebraciones de matrimonio más hermosas a las que asistí. Observa que no dije boda. He estado en bodas muy elaboradas en otras ocasiones, en las que el énfasis estaba puesto en los detalles periféricos: arreglos florales fastuosos, tortas con diseños rebuscados y vestidos refinados.

Esta era distinta. El punto principal era la pareja.

La música, que iba in crescendo, fue la señal para que nos pusiéramos de pie, porque las puertas traseras de la iglesia se habían abierto. El padre de la novia llevaba a su hija delicadamente del brazo y la guiaba por el pasillo hacia el encuentro con el novio. Ella estaba radiante. El novio, completamente anonadado. El padre se mordía el labio superior para impedir que le temblara mientras las lágrimas descendían por sus mejillas.

Me preguntaba qué recuerdos transitarían por la pantalla de su mente en ese momento tan especial en que las últimas hebras que quedaban de la niñez de su hija comenzaban lentamente a cortarse en su corazón. ¿Qué memorias ligadas a sus sentimientos recreaba mientras realizaba esta última marcha junto a su pequeña niña? ¿Estaría recordando el tiempo en que ella era bebé y él la había sostenido en brazos por vez primera? ¿O vería una niñita usando un tutú rosado y efectuando giros alrededor de la cocina? ¿O pensaría en el día en que la llevó al jardín de infantes, cuando le pareció tan grande con su mochila y su merienda? Tal vez evocara sus tempranos días de adolescente en los que él había consolado su corazón herido por primera vez. O el día en que trajo a este jovencito a casa con un brillo en sus ojos que delataba que pronto le pediría que fuera su esposa.

Y cuando llegaron al final del pasillo alfombrado de rojo, el pastor anunció que el padre tenía una presentación especial que quería hacer antes de entregar a su hija en matrimonio. Él entonces caminó hacia un pequeño almohadón que le alcanzó uno de los que llevaban los anillos y desató un simple anillo de oro. Mirando fijamente a los ojos humedecidos del novio, el padre alzó el anillo.

«Cuando mi hija era chica le di este anillo bajo la promesa de que se mantendría pura para su esposo. Es con gran honor que te lo entrego a ti como un símbolo de su compromiso contigo aun antes de conocerte». Después, extendiendo su mano hacia el novio, le dio el anillo y entonces soltó la mano de su hija.

No quedó un ojo seco ese día [20].

OTRA NOVIA

He pensado muchas veces en la belleza de aquel simbolismo en esa ceremonia. Deseo ese mismo escenario para cada uno de mis hijos.

No obstante, también lo deseo para mí. Suena extraño, viniendo de una mujer como yo, ¿no es cierto? No solo ya estoy casada, sino que como sabes por mi historia de vida, no me había guardado para el día de mi casamiento.

Mi deseo es que ya no sea algo de lo que lamentarme. Aunque desearía haber protegido mi pureza, me reconcilié con el hecho de que no puedo volver al pasado y cambiar las cosas. Pero sí puedo, no obstante, avanzar. Dios me perdonó, me sanó y restauró mi matrimonio de maneras increíbles. Dios es un Dios de redención y por eso estoy muy agradecida.

No, mi anhelo ya no está centrado para nada en mi pasado. Mi anhelo ahora tiene que ver con una expectativa. Porque la realidad es que seré una novia otra vez. Y la próxima vez caminaré por ese pasillo con un regalo de pureza para mi novio celestial. Será mi corazón. Y aunque sea un regalo imperfecto, quiero que Dios le anuncie a Jesús que mi camino en la vida me ayudó a crecer hasta tener un corazón total y puramente consagrado a él.

Eso es lo que el último libro de la Biblia dice sobre el día triunfante en que nos reencontraremos con Cristo: «Después oí voces como el rumor de una inmensa multitud, como el estruendo de una catarata y como el retumbar de potentes truenos, que exclamaban: "¡Aleluya! Ya ha comenzado a reinar el Señor, nuestro Dios Todopoderoso. ¡Alegrémonos y regocijémonos y démosle gloria! Ya ha llegado el día de las bodas del Cordero. Su novia se ha preparado"» (Apocalipsis 19:6-7).

Nosotros, la iglesia, somos esa novia. Y Jesús es el novio. Probablemente uno de los versículos de la Biblia más citados sobre el matrimonio sea Efesios 5:31, que a su vez constituye una cita de Génesis 2:24: «Por eso dejará el hombre a su padre y a su madre, y se unirá a su esposa, y los dos llegarán a ser un solo cuerpo». Ahora, lee el versículo que le sigue, Efesios 5:32: «Esto es un misterio profundo; yo me refiero a Cristo y a la iglesia».

Tal vez esta sea la razón por la que las grandes historias de amor movilizan algo dentro de nosotros. Fuimos hechos para protagonizar la historia de amor más grande. Fuimos creados para enamorarnos de Jesús.

---

*Fuimos hechos para protagonizar la historia
de amor más grande.*

No podemos enamorarnos de Jesús si lo mantenemos a distancia. No podemos enamorarnos a través de leer detalles o datos acerca de él. Solo nos enamoraremos del Señor cuando nos acerquemos, profundicemos nuestra comprensión sobre él y busquemos vivir con él. Consideremos las palabras de Isaías: «Así dice el Señor: "El cielo es mi trono, y la tierra, el estrado de mis pies. ¿Qué casa me pueden construir? ¿Qué morada me pueden ofrecer? Fue mi mano la que hizo todas estas cosas; fue así como llegaron a existir —*afirma el Señor*—. Yo estimo a los pobres y contritos de espíritu, a los que tiemblan ante mi palabra"» (Isaías 66:1-2).

Mi alma se sobresalta ante estas preguntas: «¿Qué casa me pueden construir? ¿Qué morada me pueden ofrecer?» Él es el Dios del universo, grande, poderoso y capaz. Aun así hace una pregunta en la que se muestra casi vulnerable ante un humano completamente indigno: «¿Puedo morar contigo hoy?». Si el presidente de los Estados Unidos me llamara para preguntarme si puede venir a mi casa y quedarse un rato, para sentarse y descansar con mi familia hoy, yo creo que me quedaría muda. Cuánto más si el Dios del universo manifiesta que desea estar con cada uno de nosotros hoy.

Inimaginable. Imposible de contener. Inconmensurable. Pero completamente cierto.

ABANDONO

Me gustaría vivir una vida que le agradara a Jesús. No una vida cristiana de plástico, llena de listas de actividades religiosas y de fingimiento. No, eso sería hipócrita en el mejor de los casos y mortal en el peor.

Quiero vivir plenamente con Jesús. Cautivada por su amor. Embelesada con sus enseñanzas. Ser una prueba viviente de su verdad.

Otros que han pasado antes que yo lo han deseado también. Estoy fascinada por los héroes de la fe, imperfectos, pero que a pesar de sus errores agradaron a Dios. ¿Pero no encuentras los pecados de esos hombres y mujeres un poco inquietantes a veces? Parte de mí quisiera que ellos fueran perfectos para poder tener un modelo de vida. Como un niño que traza ingenuamente su camino en la arena al pisar con sus pies las huellas de su madre, yo quiero encontrar las huellas de sus peregrinajes y seguir sus pasos.

Sin embargo, Dios no me llamó a seguirlos a ellos. O a hacer que mi viaje fuera como el de ellos. No fueron sus acciones perfectas las que abrieron un camino hasta el corazón de Dios. Fue otra cosa. Algo menos definido, que no se puede trazar ni diseccionar. Algo que ocasionalmente resultó desordenado y ofensivo. Pero tan precioso que hizo que Dios se detuviera.

«Abandono».

Interesante selección de palabra, ¿no crees? Significa «dejar por completo, abandonar». Cuando se usa erróneamente, esta palabra puede tener implicancias horribles. Lo sé. Es exactamente lo que mi padre terrenal nos hizo a mí y a mi familia. Sin embargo, cuando se usa correctamente, juega un rol vital en toda historia de amor.

En la mayoría de los votos, el pastor desafía a los contrayentes a repetir alguna versión de esta declaración: «¿Tomas a este hombre para que sea tu esposo, para vivir juntos en un pacto de matrimonio? ¿Prometes amarlo, consolarlo, honrarlo y cuidarlo, tanto en salud como en enfermedad, y *renunciando a todos los demás*, prometes serle fiel mientras los dos vivan?»

Esa renuncia a todos los demás resulta vital para un matrimonio exitoso. Abandonar lo casual para obtener lo permanente. Dejar atrás todo lo que obstaculice ese compromiso.

En el mejor sentido de la palabra, renunciaré.

Eso es lo que creo que hace que Dios se detenga. Es la palabra que se usa para describir a un niño que salta del borde de su cama, completamente confiado en que su papá lo va a atajar. Es lo mismo que encendió el valor de David cuando avanzó contra Goliat con nada más que una honda y cinco piedras lisas. Es lo que encendió a Josué. Y a Moisés. Y a Noé. Y a Pablo.

Todo lo que tengo. Todo lo que poseo. Todo lo que espero. Todo lo que temo. Todo lo que amo. Todo lo que sueño. Todo es tuyo, Jesús. Confío en ti por completo, en total abandono.

Abandono. Es lo que hizo que el joven rico se alejara triste en la historia de Lucas 18. Él le había preguntado a Jesús cómo heredar la vida eterna. Una vida de paz, seguridad, gozo a pesar de las circunstancias y certeza para siempre. «¿Cómo lo logro?», se preguntó. «Sigo las reglas, soy una persona buena».

Jesús fue pronto para responderle: «Todavía te falta una cosa». Soltar. Desprenderse. Dejar de depender de. Cesar en la lucha. Abandonar. «Vende todo lo que tienes y sígueme».

El joven rico quedó inseguro al borde de todo, mientras que los brazos capaces de brindarle toda seguridad esperaban para atajarlo. Y simplemente no pudo saltar. Se bajó de la cama. Y vivió su vida enredado en pequeñeces. En vez de renunciar a las trampas de este mundo, eligió abandonar el amor para el que su alma había sido creada.

No fue cautivado ni asombrado por la realidad de Jesús.

Dios, que esta no sea la tragedia de nuestras vidas.

Dame el coraje de alinear mi camino con tu corazón. Que aunque no sea perfecto, esté signado por aquello que te hace detener: el completo abandono de mi voluntad, pero la rendición total a la tuya.

COMPLETAMENTE RENDIDA A LOS PLANES DE DIOS

Estaba hablando con una amiga el otro día cuando ella me hizo la pregunta más interesante: «¿Cuáles son tus planes para los próximos cinco años?». Yo siempre solía tener una respuesta bien pensada a mano. Podía incluso haber tenido una hoja bien organizada, llena de metas, repleta de declaraciones de propósito, textos bíblicos y líneas del tiempo.

Ahora bien, no te dejes impresionar. No estaría prolijamente tipiada en la computadora, con palabras en negrita, resaltadas y con algunos adornos. No, mis metas habrían sido garabateadas en la parte de atrás de una servilleta que guardaba en mi cartera. Seguramente tendría migas y tal vez hasta un trozo de chicle pegado a ella. Así de organizada soy.

Me resultaba reconfortante saber hacia dónde me dirigía, y tener todo por escrito me brindaba más probabilidades de llegar allí. Era como si hallara mi identidad en el documento oficial de la servilleta. Esas no eran metas determinadas a la ligera. Yo había orado por ellas y buscado confirmación. Eran buenos planes, planes sometidos al Señor, planes que yo esperaba que él bendijera.

Pero no es así como soy ahora. Entonces, para sorpresa de mi amiga, simplemente le respondí: «No tengo la menor idea».

Continué explicándole que había cosas que me gustaría alcanzar, pero no podía determinarlas simplemente por escribirlas y luego tacharlas una vez que se hubieran realizado. Yo solía vivir de esa manera. Pero luego Dios sacudió las cosas un poco y me ayudó a entender la verdad de Proverbios 19:21: «El corazón humano genera muchos proyectos, pero al final prevalecen los designios del Señor».

Dios promete muchas veces en la Biblia que él tiene un plan para nosotros. Como nuestras vidas se viven minuto a minuto, eso debe querer decir que él tiene un propósito para cada uno de ellos, cada una de las horas, cada uno de los días. Cuando me detuve a pensar en eso, comprendí que mis planes para el futuro se habían vuelto tan absorbentes que había dejado de considerar el propósito de Dios para el presente. Había dejado de mirar a Dios en este momento. Había dejado de permanecer con él y de considerar su actividad presente, que sucedía frente a mis ojos. Había dejado de quedarme y habitar cerca de él.

Había comenzado a ver el momento presente como algo por lo que tenía que pasar para avanzar hacia mejores cosas en el futuro, mis grandes planes. Discernía equivocadamente que solo cumplir mis metas para el futuro me traería satisfacción, significado y un sentido de autoestima.

No quiero decir que hacer planes, ponerse metas y buscar logros sean cosas malas. Creo que tener metas es bueno para muchas personas. Pero cuando tener una meta quita nuestro enfoque de Dios y sus intenciones diarias para nosotros, eso puede causar problemas.

Cuando tener una meta quita nuestro enfoque de Dios
y sus intenciones diarias para nosotros,
eso puede causar problemas.

Dejarme llevar por mis planes puede cambiar el enfoque de mi corazón, y pasar de seguir a Dios y estar abierta a su revelación espontánea a seguir solamente lo que me acerca a mis deseos. En cuanto a mí, yo había comenzado a caer en la trampa de hacer planes cada día en torno a lo que quería que ocurriera. Todo lo que no fuera parte de mi plan se convertía en una distracción y en una irritación indeseada.

Proverbios 29:18 declara: «Donde no hay visión, el pueblo se extravía». Las personas a menudo enseñan ese versículo como una directiva de parte de Dios acerca de que debemos elaborar una visión claramente definida y seguirla hasta que suceda. Henry Blackaby dice: «Proverbios 29:18, a pesar de ser muy usado, está también muy mal aplicado [...] una traducción más exacta del griego expresa: "Donde no hay revelación, el pueblo se desenfrena". Hay una diferencia significativa entre *revelación* y *visión*. La visión es algo que la gente produce; la revelación es algo que la gente recibe. Los líderes pueden soñar con una visión, pero no pueden descubrir la voluntad de Dios. Él debe revelarla»[21].

Convertirnos en algo más que «buenas cristianas» significa que deseamos la revelación de Dios en nuestra vida más de lo que deseamos tener nuestros propios planes cuidadosamente construidos. ¡Es tan fácil decirlo y tan difícil vivirlo!

Después de todo, yo no soy una experta. Soy una simple mujer que ha aprendido la belleza de tener solo una visión para su vida...

Será la ceremonia de casamiento más bella que jamás haya tenido lugar. Esa boda será distinta de todas las demás. Los detalles quedarán empalidecidos por la atracción principal: Jesús y su novia. El coro de los cielos aumentará de intensidad, señalando que todas las huestes celestiales deben ponerse de pie porque la novia se acerca a aquel que tiene las respuestas a cada uno de los deseos de su corazón.

Aunque la novia camina hacia su novio sola, la voz de su Padre celestial corre por su corazón como un tierno recordatorio. Los recuerdos comienzan a pasar por la pantalla de su mente con cada susurro divino. Ella, de repente, rememora muchas cosas. Mientras las últimas fibras de su humanidad terrenal se van cortando, las cosas se tornan claras como el cristal a la luz de la eternidad. Todo se endereza en ese momento. Las preguntas que pensó que tenía que hacer se han disipado y desvanecido. No hay más *por qués*. No más injusticias. No más lamentos. Solo una pacífica seguridad de que todo lo que la ha conducido hasta este momento valió la pena.

Y luego se encuentra con su novio. Él tiene toda la eternidad preparada para ella. La vista de todo eso es tan grandiosa que casi no puede procesarlo. Y se maravilla de que alguna vez se sintiera tentada por las cosas sin sentido de este mundo. ¿Cómo pudieron haber captado su atención comparadas con la gloriosa escena que se despliega ante ella? ¿Cómo pudo alguna vez haberse sentido contenta con ser solamente una «buena cristiana», leyendo acerca del novio pero sin tratar de conocerlo? Ah, ese momento vale cada esfuerzo que ella realizó para buscar más de él. ¡Qué gran travesía ha sido llegar hasta este día!

A la luz de todo lo que le entrega, la novia se ruboriza por la simplicidad de su regalo para él. Ella misma. Eso es todo. Pero el Padre le ha asegurado que eso era todo lo que el novio deseaba. Y dentro de ella late un corazón que finalmente ha aprendido el secreto de todo gozo, de toda realización, de todo significado, de toda seguridad, de toda esperanza y de toda certeza. Renunciando a todo lo que alguna vez cautivó su atención, ella susurra: «Soy tuya, completa y plenamente tuya. Por toda la eternidad».

NOTAS

1. http://blog.christianitytoday.com/outofur/archives/2007/10/willow_creek_re.html
2. http://dictionary.reference.com/browse/glorious
3. Biblegateway.com es un sitio web que te permite realizar la búsqueda por palabras clave. Escribe una palabra y te dará todas las referencias de esa palabra que aparecen en la Biblia. También puedes usar la búsqueda de pasajes, para ver un cierto versículo en una variedad de traducciones bíblicas (por ejemplo Nueva Versión Internacional, Reina Valera, y otras)
4. Robert S. McGee, La búsqueda de significado, Casa Bautista de Publicaciones, 1992, pp. 64-65 del original en inglés.
5. Melanie Chitwood, «Love Covers» [El amor cubre], Ministerios Proverbios 31, Encouragemnte for Today [Aliento para hoy], devocional en línea, jueves 29 de abril de 2008. http://proverbs31devotions.blogspot.com/2008/04/love-covers.html. Usado con permiso. Melanie también es autora del libro *What a Husband Needs from His Wife*.
6. Para leer la entrada específica que incluye esta cita, ve a: http://ebeth.typepad.com/reallearning/2008/08/eating-our-own.html. También puedes visitar el sitio web de Elizabeth: www.elizabethfoss.com
7. http://anapsid.org/cnd/gender/tendfend.html
8. www.LysaTerKeurst.com
9. http://dictionary.reference.com/browse/hinder
10. http://dictionary.reference.com/browse/entangle
11. http://guttmacher.org/media/presskits/2005/06/28/abortionoverview.html
12. http://dictionary.reference.com/browse/seek
13. Francis Frangipane, Holiness, *Truth and the Presence of God,* Arrow Publications, Cedar Rapids, Iowa, 1986, p. 77 del original en inglés.
14. Usado con permiso de Whitney Capps, oradora, escritora y miembro del equipo de Ministerios Proverbios 31: http://proverbs31.gospelcom.net/speakingministry/speakteam/WhitneyCapps.php
15. Henry Blackaby y Claude King, *Mi experiencia con Dios*, Casa Bautista de Publicaciones.
16. Blog de Lisa Spence, entrada «Only Him» [Solo él], en el siguiente link: http://lisa-writes.blogspot.com/2008/08/only-him.html
17. Tim Stafford, *Personal God*, Zondervan, Grand Rapids, Michigan, 2007, p. 51 del original en inglés.
18. Nancy Guthrie, «Prayers that Move the Heart of God», *Today's Christian Woman 28*, nro. 2, marzo/abril de 2006, p. 22 del original en inglés.
19. John Piper, *Traspasado por la Palabra*, Editorial Vida, 2005, p. 26 del original en inglés.
20. Un agradecimiento especial al Sr. y la Sra. Cozine por el hermoso ejemplo que fue su boda para muchos.
21. Henry y Richard Blackaby, *Spiritual Leadership*, Broadman & Holman, Nashville, 2001, p. 69 del original en inglés.

Nos agradaría recibir noticias suyas.
Por favor, envíe sus comentarios sobre este libro
a la dirección que aparece a continuación.
Muchas gracias.

Vida@zondervan.com
www.editorialvida.com